당신의 연애는
위험하다

일러두기

♥ 최정 작가의 고유한 글맛을 살리기 위해 맞춤법에 어긋나는 구어체 문장, 은어, 인터넷 신조어, 사투리 등을 일부 허용했습니다.

♥ 1부에 사연 게재를 허락해주신 모든 독자님께 다시 한 번 머리 숙여 감사의 말씀을 드립니다. 나이나 신분, 사연 등등은 다른 많은 사연과 조합하여 각색해서 사용하였음을 밝힙니다.

당신의 연애는 위험하다

최정의 리얼 연애 상담 CSI

동양books

연애는 누구나 자신을 속이는 데서 시작하고,
남을 속이는 데서 끝나는 것이 보통이다.
이것이 지상에서 일컬어지는 로맨스이다.

― 오스카 와일드

차례

들어가는 말 010

1부 최정의 연애 CSI

- 의뢰인 #1 사업 때문에 헤어지자는 남친, 기다려야 하나요? 016
- 의뢰인 #2 집착병이 도지려고 하는데 어떡해야 하죠? 022
- 의뢰인 #3 경제적 문제로 헤어진 여친, 다시 만날 수 있을까요? 028
- 의뢰인 #4 소개팅에 나가도 차이는 이유가 뭘까요? 035
- 의뢰인 #5 친구들에게 저를 소개하지 않는 남친, 결혼해도 괜찮을까요? 042
- 의뢰인 #6 제 말투 때문에 차인 걸까요? 048
- 의뢰인 #7 전 여친을 잊지 못하는 남친, 헤어져야 하나요? 054
- 의뢰인 #8 쉽게 볼까 봐 일부러 튕겼는데, 잘못한 걸까요? 061
- 의뢰인 #9 헌신하는 습관, 어떻게 하면 버릴 수 있을까요? 070
- 의뢰인 #10 분명 사귀고 있는 건데 고백하지 않는 남자를 어떡하죠? 078
- 의뢰인 #11 어떻게 하루 만에 마음이 식나요? 086
- 의뢰인 #12 좋아하지도 않는 여자를 왜 여섯 달이나 만나죠? 096
- 의뢰인 #13 헌신적이던 남친이 갑자기 이별을 통보한 이유는? 105
- 의뢰인 #14 그와 저는 과연 무슨 사이였을까요? 113
- 의뢰인 #15 다시 저를 좋아하게 만드는 방법이 없나요? 121

의뢰인 #16 부모님이 반대하는 결혼, 포기하는 게 나을까요? 131
의뢰인 #17 짜증 내는 저의 성격 때문에 차인 거 맞나요? 139
의뢰인 #18 남자들이 좋아하는 여자의 성격을 갖추려면? 147
의뢰인 #19 친구로서만 좋아한다는데 어떡하죠? 157
의뢰인 #20 짝사랑하는 그녀에게 접근하는 방법은? 166

2부 그 남자, 그 여자의 미친 연애 Concerto

| 1악장 | 누가 나의 연애를 방해하는가?

연애를 못해서 눈물 흘리는 남자

키가 작아서 슬픈 짐승이여 176
말을 못해서 우는 짐승이여 179
돈이 없어서 우울한 짐승이여 182

사랑을 못해서 눈물 흘리는 여자

연애 불안증에 떠는 여인이여 186
성격이 좋아서 안 되는 여인이여 189
리즈시절을 잊지 못하는 여인이여 192

|2악장| 매력적인 남녀는 눈빛부터 다르다

매력적인 남자의 조건

거울을 보는 남자가 되자 ······198
차라리 순진남이 되어라 ······203
감정에 솔직해져라 ······205

매력적인 여자의 조건

눈앞에 보이는 단점부터 바꾸기 위해 노력하라 ······208
칭찬은 남자의 가슴을 뛰게 한다 ······210
베푸는 여자 앞에 장사 없다 ······212
완벽한 남자에 대한 판타지를 버려라 ······215
지성은 미모보다 유통기한이 길다 ······217

|3악장| 요즘 남자, 요즘 여자, 무엇이 달라졌나?

요즘 남자는 실속파다

요즘 남자들의 연애 ······223
요즘 남자들의 결혼 ······229

요즘 여자는 새끈하다

요즘 여자들의 연애 ······235
요즘 여자들의 결혼 ······238

| 4악장 | 연애에 관한 FAQ

남자들의 FAQ BEST 5

1 남자도 성형수술을 해야 하나요? 245
2 어떻게 해야 여자들한테 인기 있는 남자가 되나요? 246
3 지금 공부를 해야 되는 시기인데, 연애 때문에 미치겠어요! 248
4 좋은 남자가 되기 위해서는 어떻게 해야 되나요? 249
5 어떤 여자랑 연애하는 것이 행복한 걸까요? 251

여자들의 FAQ BEST 5

1 정말 성형수술 말고 답이 없나요? 252
2 헤어진 남자 친구의 마음을 되돌릴 방법이 없나요? 253
3 남자를 못 믿겠어요! 255
4 어떻게 하면 여우가 될 수 있나요? 257
5 어떤 남자랑 결혼하는 것이 행복한 걸까요? 258

들어가는 말

나의 포지션을 인정하라

최정이다.

2010년 5월 1일이었다.

바람둥이 생활을 청산하고 올바른 연애를 하고 싶다는 생각에 블로그 '미친 연애'를 만들었다. 내가 지금까지 사용했던 수많은 바람둥이 수법들, 그리고 주변에서 흔히 목격했던 나와 같은 바람둥이나 나쁜 남자의 이야기들을 하나씩 하나씩 풀어나갔다. 더 이상 나 같은 나쁜 남자들이 여자를 상대로 장난치지 못하게 해주고 싶었다. 여자들이 더 이상 그런 남자들에게 당하지 않기를 나는 진심으로 바랐다. 결과적으로 블로그는 폭발적인 인기를 얻게 되었고 나는 블로그에 자주 들어오는 사람들로부터 유느님을 빗대어서 '연애계의 최느님'이라는 별명까지 얻게 되었다. 또, 다른 한편으로는 욕도 많이 얻어먹었다. 온갖 유언비어에 시달리면서 스트레스가 극에 달할 때는 그냥 블로그를 폐쇄할까 하는 마음까지 들기도 했다.

하지만 아직도 대한민국에는 바람둥이 남자들이 사라지지 않았고, 연애 한 번 제대로 못해서 모태솔로라는 명칭을 꼬리표처럼 달고 사는 사람들도 있으며, 연애 기술이 없어서 바로 눈앞에 좋은 남자, 좋은 여자를 두고서도 놓치는 남녀들이 수없이 많다. 그들을 보면서 느꼈던 나의 감정은 애절함이었다. 그 애절함이 지금 나에게 또다시 책을 쓰게 만드는 원동력이 되어주는 듯하다.

블로그 미친 연애를 5년째 운영하면서 일대일 상담만 사백 명이 넘게 했던 것 같다. 그 시간 동안 그들에게 들었던 이야기들, 그들과 함께 고민했던 문제들, 그리고 그들에게 이야기했던 나의 처방전들……. 그 수많은 이야기를 한 권으로 정리한 것이 바로 이 책이다. 늘 그렇지만 나의 처방은 그 누구보다 현실적이고, 직설적이기 때문에 쉽게 받아들일 수 없는 분들도 있을 것이다. 하지만 나의 포지션을 인정하지 않으면, 나의 단점을 받아들이지 않으면, 연애 패턴은 결코 바뀌지 않는다. 나는 심리학자나 정신과 의사가 아니다. 그들처럼 아름다운 미사여구로 힐링의 언어를 쓰며 마음을 다독여주는 식으로 말하고 싶지도 않다. 그렇게 하지 않는 이유는 간단하다. 책을 읽고 나서도 스스로 바뀌지 않으면 돈 낭비, 시간 낭비일 뿐이기 때문이다.

　마지막으로 이 책에 사연이 들어갈 수 있도록 허락해준 모든 분께 진심으로 감사드린다. 자신의 경험을 반면교사 삼아 다른 사람들이 똑같은 아픔을 겪지 않았으면 좋겠다는 순수한 마음. 얼마나 고마운 것인가! 그리고 답 메일이 올지 불투명한데도 한 글자, 한 글자, 최선을 다해서 상담 메일을 보내주었던 많은 사람들. 날마다 글을 업데이트하지도 못했는데, 하루도 빠짐없이 블로그를 방문해서 '힘내라', '파이팅'이라는 댓글을 남겨준 사람들. 그렇게 오랫동안 나를 지켜주고 있는 미친 연애 독자들에게도 진심으로 감사와 사랑의 마음을 전하는 바이다.

2014년 8월 어느 날 새벽에
당신이라는 사람의 연애가 잘되기를 바라면서
최정

1부
최정의 연애 CSI

당신이 지금 그 남자에게 대시하지 않으면 아무 일도
일어나지 않는다. 물론 대시를 해서 실패하면
당신 자존심에 상처는 받겠지만 교훈은 얻을 수 있다.
최소한 내 '꼬라지'가 어떤지 알 수 있는 거 아니겠는가?

사업 때문에 헤어지자는 남친, 기다려야 하나요?

🔊 나

나이와 성별 : 35살, 여자
직업이나 학력, 재력 : 대학원생
외모 : 섹시한 타입으로 소개팅에서 애프터 신청을 받아보지 않은 적이 없을 정도로 괜찮은 편입니다.
연애 경험 : 여섯 번
연애관 : 능력보다는 키도 크고 외모도 괜찮은 사람이 좋습니다.

🔊 상대

나이와 성별 : 35살, 남자
직업이나 학력, 재력 : 모 대기업 재직 중이었으나 최근 퇴사했습니다.
외모 : 평범한 수준의 키에 통통한 편입니다.
연애 경험 : 오랫동안 사귄 여자와 결혼 직전에 헤어진 이후로는 깊게 사귄 적이 없는 듯합니다.
연애관 : 다른 부분은 그렇지 않은데 여자 친구에 대해서는 보수적입니다. 얌전하고 혼자서는 아무것도 못 하는 순둥이 같은 여자를 좋아해요. 그런데 막상 자신이 좋아하는 타입의 여자와 사귀게 되면 안 맞아서 늘 싸웠다고 하더라고요.

사건의 전말

우리는 사귄 지 겨우 한 달 된 커플이었습니다. 사실 외모를 중시하는 제 눈에 그는 남자가 아니었어요. 옛날에 함께 어울리던 친구들 중 하나로 아주 평범한 타입인데다 통통한 편이기 때문에 제 눈에 잘 띄지도 않았거든요. 그런데 최근 우리 친구들 중 한 아이가 결혼을 하게 되었는데, 그 계기로 몇 번 같이 어울리면서 서로의 연애 코치를 해주다가 결국 사귀게 되었어요. 제가 힘들 때 항상 제 곁에 있어주면서 위로의 말을 해주는 그가 어느새 남자로 느껴졌거든요. 그런데 사귄 지 한 달이 지난 어느 날, 저는 이별을 통보받았습니다. 사실은 그동안 그가 다니던 회사를 그만두고 사업을 하려고 했는데 그 과정에서 크게 사기를 당했다는 거예요. 경제적으로 안 좋아지자 자연스럽게 연락이 뜸해지더라고요. 일주일에 많아야 두 번 전화를 할까 말까 했어요. 그러다 만나자고 연락을 하더니 이별을 통보하더군요.

그의 말인즉슨 지금 사업상 수습해야 할 일도 많고 해야 할 일이 너무 많아서 연애를 병행하기가 힘들다는 겁니다.

저는 이 말을 듣고 눈물을 흘리면서 그를 설득했어요. 그래도 헤어지지 말고 함께 어려움을 극복해보자고 말입니다. 그런데 그의 결심은 단호했습니다. 후회하지 않을 자신 있느냐고 물었더니, 일단 이 일을 수습하고 난 다음에 생각할 일이라고 못 박더군요. 혹시 그가 막상 저랑 사귄 이후에 제 성격 때문에 실망했나 싶어서 그것도 물어봤어요. 사실 제가 예전에는 기가 센 편이었는데 나이가 들면서 바뀌었거든요. 그랬더니 그는 그런 거 아니라고, 그냥 정말 미안하다고, 자신이 이기적이어서 미안하다고만 합니다.

저는 이 남자와 다시 만날 수 있을까요? 그리고 만약 다시 만날 수 있는 거라면 앞으로 어떻게 해야 할까요? 가만히 기다려야 하나요, 아니면 가끔 안부 인사라도 해야 하나요?

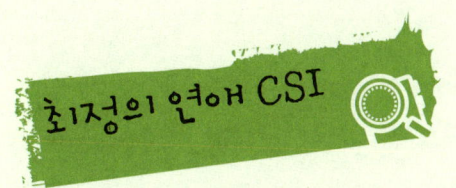

최정의 연애 CSI

한 달에 보통 10여 개 정도 이런 비슷한 내용의 메일을 받아본다. 나도 처음에 컨설팅을 해줄 때는 정말이지 안타까운 마음이 들어서 진심을 담아 답변을 하곤 했는데, 이제는 더 이상 이런 내용에는 답 메일을 보내지 않는다. 왜 그럴까? 더 이상 기대가 되지 않기 때문이다. 상담을 요청한 여자의 입장에서 보면 그렇다. 그 남자가 자신을 더 이상 사랑하지 않아서가 아니라 정말로 상황이 좋지 않아서 어쩔 수 없이 이별을 선택했다는 것이다. 그런데 나중에 이런 사연을 보낸 사람들을 대상으로 추적 조사를 해보면 열 명 중에 여덟 명은 돌아오지 않았다고 답한다. 심지어는 버젓이 다른 여자와 커플이 되어서 사진을 카톡 프로필이나 페이스북에 올리는 경우도 있었다. 여기서 내가 무슨 말을 하려는지 알겠는가?

이런 남자들은 대개 자기 사업이 성공하고 나면 다른 여자를 찾는다. 왜? 우선 사업이 잘되면 자연스레 자신감이 붙고 주변에 괜찮은 여자가 많아진다.

그때가 되면 선택의 폭이 더 넓어지는데 굳이 당신이라는 여자를 뒤돌아볼 필요가 있겠는가? 이것은 어쩔 수 없는 현실이다. 그리고 여기서 또 하나 짚고 넘어가야 되는 게 있는데 바로 그 남자의 멘트 속에 숨어 있는 속마음이다.

"사업상 할 일이 너무 많아서 연애를 병행하지 못해."

여자 입장에서는 이 말뜻을 이해하지 못할 것이다. "아무리 사기를 당해서 수습할 일이 많다고 하더라도 옆에 누군가 기댈 사람이 있으면 더 도움이 되는 거 아닌가요?" 하고 반문할 수 있다는 소리이다. 그런데 그렇게 말하는 당신이라는 여자에게 되묻고 싶다. 당신은 주로 위로를 주는 편인가, 받는 편인가? 사연의 내용을 미루어 짐작컨대 당신은 후자에 가깝다. 처음에 사귀게 된 계기도 그렇지 않은가? 당신이 힘들 때마다 그 남자가 옆에 있어주고 고민 이야기를 들어주었다. 그 모습에 매료되어 사귀게 되었다. 그런데 막상 사귄 이후로 그 남자는 힘든 사건을 겪게 되었고 일주일에 두 번 전화를 할까 말까 하는 지경에 이르렀다. 솔직히 당신 스스로에게 물어봐야 한다. 과연 당신이 힘든 그 남자에게 심적으로나 다른 여러 가지 면에서 도움을 주는 존재였는가? 혹시 일주일에 두 번밖에 전화하지 않는다고 투덜거리지는 않았나? 안 그래도 힘든 그 남자에게 오히려 투정을 부리거나 당신이 힘든 것에 대해 넋두리를 하지 않았나? 남자의 저 멘트 속에는 "안 그래도 할 일이 많은데 너한테도 신경 써야 해서 스트레스를 받는 게 싫어"라는 의미가 들어 있다는 걸 알아야 한다. 당장 먹고살 길도 막막하고 힘든 상황에서는 "나 너 보고 싶어"라는 달콤한 말도 부담으로 다가올 수 있다. 그래서 남자는 헤어지자고 하면서 "내가 이기적이어서 정말 미안해"라고 말한 것이다.

또 남자가 사업에 성공하지 못했을 경우를 한번 생각해보자. 그렇다고 하면 그 남자가 나중에 연락을 다시 한다고 해도 당신이라는 여자가 그를 못 받아준다. 지금 마음으로는 그 남자가 돌아오기만 하면 어떻게든 만나고 싶겠지만 아무것도 가진 게 없는 그 남자와 관계가 깊어져서 결혼이라도 하려고 하면 어떻게 될까? 주변 사람들이 다 반대를 하고 당신도 현실이라는 벽에 부딪혀 망설이게 될 것이다. 그러니 당신과 그 남자가 이어질 확률은 그다지 높지 않다고 보는 게 맞다.

집착병이 도지려고 하는데 어떻게 해야하죠?

▶ 나

나이와 성별: 20대 초반, 여자
직업이나 학력, 재력: 서울의 모 대학교에 재학 중입니다.
외모: 인형 같은 외모까지는 아니지만 예쁘고 호감을 주는 인상이 장점으로 소개팅을 하면 100% 애프터 신청을 받았습니다.
연애 경험: 고 1 때부터 현재까지 약 스물두 번 연애를 한 번도 끊이지 않고 했어요.
연애관: 한 번도 짝사랑을 해본 적이 없습니다. 마음에 드는 남자가 생기면 무슨 수를 써서라도 가까워지는 기회를 만들거나 추파를 던져서 고백하게 만들었어요. 그런데 저의 고백으로 시작될지라도 남자가 저를 더 좋아하지 않으면 관계가 오래가지 못해요. 제가 기대한 것만큼 저를 좋아해주지 않는 상황을 못 견뎌하기 때문이죠. 항상 정열적이고 로맨틱한 연애를 꿈꾸기 때문에 의심과 질투가 많습니다. 남자 친구 앞에서는 도도하고 새침하게 행동하지만 여자들끼리 있을 때는 털털한 편이고 때로는 푼수 같기도 합니다.

◀ 상대

나이와 성별: 20대 후반, 남자
직업이나 학력, 재력: 명문대 졸업, 모 대기업 사원
외모: 키 186cm, 준수한 외모입니다.
연애 경험: 약 열 번에서 열두 번 정도. 외모와 조건 등은 좋지만 사랑을 표현하는 스타일이 아니어서 그런지 사귀는 중에 여자 쪽에서 바람이 나서 헤어지는 경우가 있었다고 합니다. 대학 시절에는 연극영화과에 다니는 미모의 여대생들과 사귀었다고 합니다.
연애관: 매일 사랑한다는 마음을 표현하고 불같이 타오르는 연애와는 전혀 어울리지 않는 타입입니다. 속마음을 잘 표현하지 않고 무뚝뚝한 성격이지요. 청순한 여자보다는 화려하게 꾸미는 여자를 더 좋아합니다.

사건의 전말

저는 다년간 여러 연애를 통해서 그리고 여러 연애 관련 에세이를 읽고 나서 처음에 어떻게 행동해야 남자들이 저를 좋아하는지를 터득하게 되었어요. 과거에는 나쁜 연애를 많이 했지만 여우처럼 행동하는 법을 터득한 이후에는 "네가 나한테 잘해주지 않는 것도 아닌데 난 왜 이렇게 불안한지 모르겠어. 난 정말 네가 궁금해"라는 말을 제일 많이 들었죠. 너무 튕기지 않으면서도 너무 많은 정보를 노출하지 않는 전략을 썼거든요. 그런데 문제는 연애를 시작한 지 1년 정도 되는 시점에 발생합니다. 1년이 되기 전까지는 저에게 애정 공세를 퍼붓던 남자가 점점 시들해지고 관심을 쏟지 않는 게 느껴지기 때문이에요. 그러면 저는 그때부터 급속도로 우울해지고 남자 친구의 일거수일투족에 온몸의 촉수가 곤두설 정도로 집착병이 도집니다. 지금 하고 있는 연애가 딱 1년이 됐습니다. 그는 얼굴도 잘생기고 키고 훤칠하고 직업도 탄탄한 대기업 사원입니다. 어디 가도 빠지지 않는 그는 제가 이런 성격인지 전혀 모르고 있어요. 그저 쿨하면서도 시크한 여자라고 알고 있습니다. 그런데 더 중요한 건 제가 그저 우울한 걸로 끝나지 않는다는 데 있어요. 불안하고 우울하고 집착병이 생기면 저는 그것을 잊기 위한 방편으로 남자 친구 몰래 다른 남자를 만날 궁리를 합니다. 양다리를 걸친다는 말이 아닙니다. 속된 말로 정말 어떤 남자를 하나 정해놓고 대놓고 꼬리를 칩니다. 그렇게 하면 그 남자는 저에게 잘 보이기 위해서 온갖 노력을 다하고 저는 그 상황을 즐길 대로 즐깁니다. 그러다가 다시 제 남자 친구가 잘해주는 시기가 오면 그 남자에게는 잠수를 탑니다. 이 사실을 아는 친구들은 저에게 나쁜 여자라고 합니다. 하지만 제 마음은 공허하기만 하고 다시 남자 친구가 저에게 소홀하다는 생각이 들면 또다시 병이 도져요. 왜 이렇게 애정결핍형 여자가 돼버렸는지는 잘 모르겠습니다. 심리학자들이 이야기하는 것을 보면 부모에게 사랑을 못 받은 경우 배우자에게 그것을 요구하기 때문이라고들 하는데 저의 경우에는 전혀 해당되지 않는 말이더군요. 전 어릴 때부터 부모님을 비롯해서 가족들에게 사랑을 듬뿍 받으면서 자랐고 전혀 부족함도 없었거든요. 그렇다고 저의 이런 병증을 남자 친구에게 이야기할 수도 없는 노릇이고요. 어떻게 하면 저의 이 연애 패턴을 고칠 수 있을까요?

나이가 20대 초반인데 고 1 때부터 현재까지 스물두 번의 연애를 했다. 여러 연애 에세이를 읽고 나서 처음에 어떻게 행동해야 남자들이 자신을 좋아하는지를 터득하게 되었다. 정말이지 이렇게 말하는 당신에게 한마디해 주고 싶다.

"지랄하고 자빠졌네."

내가 이렇게 강하게 비판하는 이유는 지극히 간단하다. 연애 에세이에는 어떻게 해야 남자를 잘 유혹할 수 있는지에 대해서도 씌어 있지만 진정한 사랑에 대한 내용도 많이 담겨 있다. 왜 그 수많은 좋은 이야기는 다 잊어버리고 유혹하는 기술만 기억하는가? 그리고 많은 연애 에세이에서 '남자가 여자를 좋아할 때 이렇게 행동한다'라는 식으로 정형화, 패턴화해서 이야기를 하는데 이것이 전부가 아니라는 건 상식 아닌가? 지금 당신의 사연을 30대 초중반의 언니들이 듣는다면 뭐라고 할지 아는가?

"그때는 나도 그렇게 대접받았어. 그 나이대 남자들은 다 그렇게 한다니까."
"나도 그때는 남자가 그렇게 해줘야 진짜 나를 사랑하는 줄 알았다니까."

그녀들이 왜 이런 말들을 하겠는가? 나이가 들면 들수록 그런 사랑이 없다는 것을 경험으로 알게 되기 때문이다. 이것을 깨우치느냐, 못 깨우치느냐에 따라 당신의 병증을 고치느냐 마느냐가 결정된다고 본다.

당신이 상담 내용에도 적었듯이 1년 동안은 남자 친구의 사랑을 듬뿍 받고 공주 대접을 받으면서 행복하지 않았나? 그런데 언제까지 공주 대접을 받아야 만족할 건가? 언제까지 당신한테 맞춰주면서 당신을 최우선 순위로 여겨줘야 만족할 건가? 사랑은 식는 게 정상이고 자연스러운 것이다.

지금 당신은 남자 친구가 잘해주지 않으면 다른 남자에게 작업을 건다고 했는데 정말 미친 거 아닌가? 만약 그런 사실을 남자 친구에게 들키면 어떻게 되겠는가? 현재 남자 친구가 정말 능력도 있고 인성까지 훌륭한 사람인데 당신의 그 이상한 기질 때문에 책잡힐 일이 생기면 누가 손해인지 생각해봐라. 그때 가서 후회하면서 남자 친구에게 미안하다고 구걸하다시피 사죄하는 일이 생기면 당신이 얼마나 비참해지는지 겪어보지 않아서 모르는 것이다.

사람이 책을 읽는 이유가 뭐라고 생각하는가? 타인의 인생, 타인의 경험, 타인의 지식을 간접 체험하기 위해서이다. 경험과 지식이 쌓일수록 세상과 인간에 대한 이해의 폭이 넓어지기 때문에 독서를 하는 거 아닌가? 그런 면에서 보면 당신의 독서는 굉장히 폭이 좁다고 할 수 있다. 시야를 넓게 보고 타인의 경험들을 있는 그대로 받아들이는 자세를 가져봐라. 그리고 남자 외에 공부나 취미 생활 같은 당신의 세계를 구축해봐라.

경제적 문제로 헤어진 여친, 다시 만날 수 있을까요?

의뢰인 #3

나

나이와 성별 : 34살, 남자
직업이나 학력, 재력 : 대졸, 중소기업 회사원 6년차, 전세 낀 아파트 소유.
외모 : 서글서글한 인상이 좋다는 이야기는 종종 듣는다. 177cm에 85kg으로 덩치가 있는 편인데 살보다는 근육이 많고 피부도 하얀 편이다.
연애 경험 : 네 번
연애관 : 부모님께 예의 바르고 말도 가려서 할 줄 알고, 잘 웃고 상대방을 배려할 줄 아는 현모양처형 여자가 좋습니다. 아무리 예뻐도 겉치장만 화려하고 성격이 예민하면 좋아지지 않습니다. 학력이나 재력은 아무래도 상관없습니다. 다른 그 어떤 조건보다도 '내 남자가 최고'라고 칭찬해줄 줄 알고 대화가 통하는 여자가 좋습니다.

상대

나이와 성별 : 32살, 여자
직업이나 학력, 재력 : 대졸, 학원 강사, 아버지가 공무원이시고 집이 두 채.
외모 : 키 158cm에 보통 체형으로 여성스러운 스타일.
연애경험 : 두세 번
연애관 : 예의 바르고 여성스럽고 차분한 성격인데다 보수적이어서 사귀는 동안 스킨십의 제한이 있었습니다. 결혼해서 안정적인 가정을 꾸리려고 하는 평범한 연애관을 갖고 있는 사람입니다.

사건의 전말

1년하고도 여섯 달 동안 사귀다가 결혼하기 직전에 헤어진 그녀. 요즘 따라 그녀가 자꾸 생각납니다. 그녀는 약 4년 전 소개팅을 통해 만난 사람입니다. 밝고 긍정적이며 웃는 모습이 예뻤던 그녀는 만나자마자 제 마음에 쏙 들었습니다. 그 당시 저는 소개팅을 열 번 해도 한 번 애프터 신청을 할까 말까 할 정도로 깐깐한 스타일이었는데, 그녀에게는 만난 바로 그날 애프터 신청을 할 정도였거든요. 옷도 항상 우아하고 여성스러운 원피스를 입었고 예쁘게 눈웃음 치는 그녀는 천사 같았습니다. 말도 얼마나 예쁘게 하는지 저는 그녀가 정말 마음에 들어 한 달 동안 정성을 다해 구애했습니다. 그리고 우리는 연인이 되었습니다. 저의 집은 방화 쪽, 그녀의 집은 올림픽공원 쪽으로 5호선의 양 끝에 살았지만 마음이 맞으면 거리가 중요한 건 아니더군요. 우리는 다른 연인들처럼 영화도 보고, 밥도 먹고, 여행도 가면서 데이트를 즐겼고 어느새 1년하고도 여섯 달이나 시간이 흘렀습니다. 그러다 보니 자연스럽게 결혼에 관한 의견을 나누게 되었는데 그때도 처음에는 참 좋았습니다. 우리 두 사람은 결혼에 대한 가치관도 비슷했거든요.

그런데 실제로 결혼을 준비하면서 문제가 발생했습니다. 그 당시 저는 학자금 대출금이 남아 있었기 때문에 경제적으로 여유가 없어 조그마한 연립 빌라 전셋집 정도를 마련할 수 있는 형편이었는데 그녀는 아파트 전세 정도에서는 시작하기를 바랐습니다. 게다가 그녀는 부모님이 계시는 올림픽공원 근처에 집을 얻고 싶다고 못을 박더군요. 저는 남자로서 제 스스로가 너무 보잘것없고 초라하게 느껴져서 스트레스를 받았습니다. 그리고 저는 평생을 방화 근처에서 살았기 때문에 집, 직장, 교회, 친구들과 가족들이 다 그 근처에 있는데 그녀의 집 근처에 집을 얻자고 하는 것도 받아들이기 힘들었습니다. 하지만 저는 내색하지 않았습니다. 그러다가 안 되겠다 싶어 솔직하게 제 심정을 이야기했는데, 그녀는 공감해주지 않고 본인이 힘든 것만 이야기하더군요. 그렇게 얼마간의 시간이 흘렀고 결국 저는 그녀에게 이별을 통보했습니다. 그 이후 2년이라는 시간이 흘렀고, 그동안 저는 몇 명의 여자들을 사귀었지만 오래가지 못했습니다. 아직도 그때 그녀가 생각납니다. 지금 그녀에게 연락해서 다시 시작해보자고 말해도 될까요? 그렇게 하려면 어떤 전략을 써야 할까요?

최정의 연애 CSI

솔직히 이런 사연의 주인공과는 별로 상담하고 싶지가 않다. 왜냐하면 너무 아프기 때문이다. 사연을 준 당신은 여자 쪽에 먼저 이별을 통보했다고 했지만, 사실 툭 까놓고 이야기하면 여자 쪽에서 당신에게 이별을 종용한 것으로밖에 보이지 않는다. 왜인 줄 아는가?

일단 이 사연에서 무엇을 살펴봐야 되겠는가? 바로 그녀의 경제적 사정이다. 비록 자신은 학원 강사이지만, 그녀의 아버지는 공무원이고, 집을 두 채나 갖고 있다. 그것도 집값 비싸기로 유명한 일명 강남 3구(서초, 강남, 송파)에 집이 있다. 그녀의 집안이 갑부는 아니어도 그렇게 힘들게 산 것은 아닌 것이다. 그런데 당신이라는 남자는 연립 빌라를 그것도 전세로 얻자고 하니 그녀 입장에서 과연 결혼이 하고 싶었을까? 보통 여자들이 이런 말을 많이 한다.

"사랑하는 남자하고 결혼해서 친구처럼 알콩달콩 살고 싶어요."

그런데 이 말속에 어떤 의미가 숨겨져 있는 줄 아는가?

'남자 집안은 우리 집보다 잘살거나 비슷하게 살면 좋겠고, 돈은 당연히 나보다 더 잘 벌어야 되고, 적어도 브랜드 아파트에서 전세 정도로는 시작해서 알콩달콩 살고 싶어요.'

보통의 여자들은 대개 이런 생각을 품고 있다. 그리고 당신이 지금 그리워하고 있는 그녀의 사고 패턴은 일반적인 기준에서 그다지 벗어나지 않는다. 다시 말해 당신이 그녀에게 차인 이유는 8할 이상이 경제적인 문제 때문이다.

그래서 '연애와 결혼은 다르다. 결혼은 현실이다' 같은 말들이 나이를 먹을수록 사무치게 다가오는 것이다. 당신은 두 사람이 결혼에 대한 가치관이 잘 맞는다고 했지만, 그것과는 또 다른 것이 바로 경제적 문제이다. 그렇다면 현실적으로 남자의 고민에 대해 다시 이야기를 해보자. 2년이라는 시간이 흐른 지금, 당신은 그녀에게 다시 연락을 해야 할지 말아야 할지를 고민하고 있다. 다른 여자를 만나봤지만 아직도 그 여자를 잊지 못한다고도 했다. 나도 이 나이 되도록 많은 연애 경험이 있기 때문에 마음속에 아직도 지워지지 않는 여자가 있다. 그런데 나라면 만나지 않는다. 왜? 주변에 이런 경험이 있는 남자들에게 한번 물어봐라. 만나고 나면 그나마 마음속에 남아 있는 환상마저 깨져버리는 경우가 대부분이다. 역시 추억은 추억으로 남겨져 있을 때가 아름다운 것이다. 그리고 다시 만난다 해도 그녀가 경제적 조건을 따지지 않는다는 보장이 있을까? 어차피 그 문제 때문에 이별의 계기가 된 것인데 당신의 상황은 그때와 비교해서 그다지 나아진 것이 없지 않은가? 전세 낀 아파트가 있으면 뭐하나? 전세를 내보내면 아파트의 절반 값은 고스란히 빚으로 떠안아야 한다. 당신은 지금 헤어진 그녀에 대해서 아름다운 추억만 기억날지 모르지만 순진한 생각이다. 서로가 손해 보지 않으려고 했기 때문에 이별했다는 사실을 기억해봐라. 만약 당신이 정말 그녀라는 사람 자체를 잊지 못하기에 모든 것을 그녀에게 맞추고 살 자신이 있다면 말리지는 않겠다. 그러나 당신도 손해 보기는 싫은 거 아닌가?

    냉정하게 한번 생각해봐라. 그런데 그래도 그녀가 자꾸 생각난다면 한 번 만나는 것도 방법이다. 이런 환상은 빨리 깰수록 좋기 때문이다. 다른 여자를 사귀어도 자꾸 그녀와 비교돼서 오래 사귈 수가 없는 거 아닌가? 빨리 만나서 그녀에 대한 환상에서 벗어나라. 그러고 나면 다른 여자 친구를 사귀기가 훨씬 수월해질 것이다.

"다시 만났는데 만약에 마음에 든다면 어떻게 해야 되나요?"

만약 이렇게 되묻는다면 아까도 말했지만, 당신이 모든 것을 접고 그녀에게 맞추어야 한다. 다시 시작해도 결혼 이야기가 나오면 똑같은 문제에 직면할 것이다. 그 문제를 해결할 방법이 없다면 애초에 다시 시작하지도 마라. 당신이 20대면 몰라도 벌써 30대 중반인데 그렇게 세월을 보내다가 또 헤어지면 어떻게 될까? 40대 가까이 돼서 또 이런 아픔을 겪으면 그때 느낄 좌절감은 어떻게 수습하려고 그러나?

의뢰인 #4

소개팅에 나가도 차이는 이유가 뭘까요?

⏩ 나

나이와 성별 : 39살, 남자
직업이나 학력, 재력 : 공무원, 대학원 수료, 본인 명의 아파트 소유.
외모 : 얼굴은 평범, 키는 165cm에 몸무게는 61kg입니다.
연애 경험 : 소개팅만 예순 번, 딱 한 번 나와 같은 공무원과 한 달 정도 사귄 적이 있지만 차였습니다.
연애관 : 얼굴 예쁘고 몸매 좋고 긍정적이면서 적극적인 성격의 여자를 좋아 합니다. 직업은 저와 같은 공무원이면 좋겠습니다.

⏪ 상대

나이와 성별 : 33살, 여자
직업이나 학력, 재력 : 공무원, 재력은 잘 모릅니다.
외모 : 키 163cm, 44사이즈, 긴 머리에 짧은 치마, 속이 훤히 비치는 옷을 주로 입는 섹시한 스타일.
연애 경험 : 잘 모릅니다.
연애관 : 잘 모르지만 나쁜 남자 스타일을 좋아하는 것 같습니다.

저는 이 나이가 되도록 연애 한 번 제대로 해보지 못한 모태솔로입니다. 소개팅에는 여러 번 나가봤지만 언제나 퇴짜 맞기 일쑤였기 때문에 자신감이 바닥으로 떨어져 있는 상태에서 그녀를 만났습니다. 같은 사무실에서 일하는 직원의 소개로 만난 그녀는 제가 한눈에 반할 만큼 섹시미를 갖춘 여자였습니다. 그래서 저는 사실 기대도 하지 않았습니다. 그저 소개팅한 날 잘 들어갔는지를 묻는 안부 문자만 하고 말았어요.

그런데 그다음 주 월요일에 그녀가 "뭐 하세요?"라고 먼저 톡을 보낸 겁니다. 제가 퇴근해서 집에서 쉬고 있다고 답하자 그녀가 자기는 이제 퇴근하는 길이래요. 아무래도 만나자고 하는 이야기를 돌려서 하는 것 같아 제가 "커피 한잔하실래요?" 하고 먼저 물었고 그날 만나서 이런저런 이야기를 하다 기분 좋게 헤어졌습니다. 그날 이후 일주일에 두 번 정도는 만나서 밥 먹고, 차 마시고, 영화 보고 데이트를 즐겼습니다. 그래서 저는 자신감을 갖고 한 달쯤 되었을 때 그녀에게 고백하기 위해 이벤트를 준비했습니다. 그런데 고백하려는 당일 그녀가 머리가 아프고 피곤하다면서 집으로 돌아가겠다고 하는 거예요. 그래서 그냥 집까지 바래다주고 준비해놨던 꽃다발만 전해줬어요. 그리고 그날 이후로는 연락이 잘 안 되었습니다. 그러더니 일주일쯤 뒤에 만나자고 하더군요. 그날 그녀가 차 안에서 저에게 이렇게 말했습니다.

"오빠는 백화점 명품 코너에 있는 물건인데, 사고 싶지 않은 물건 같아."

그녀가 그다음 말로 그만 만나자고 할 것만 같아 저는 그녀의 말을 끊고 이렇게 설득했어요.

"지금까지 네가 본 나는 다 잊어줘. 앞으로는 정말 재미있고 행복하게 해줄게. 나 자신 있어."

그러고 나서 그녀를 태우고 저희 집 근처 공원으로 갔어요. 그리고 이벤트하려고 준비했던 통기타를 꺼내서 이승환의 '세 가지 소원'을 연주와 함께 들려줬어요. 그러니까 그녀가 저희 집에 가서 노래 몇 곡을 더 듣고 싶다는 거예요. 그래서 저는 '옳다구나' 하고 그녀를 데리고 집으로 갔어요. 마트에서 와인과 과일을 좀 사서 집에 가서 같이 한잔했죠. 그녀가 너무 짧은 치마를 입어서 의자에 앉으니까 더 짧아져서 제가 옷으로 가려주었더니 확 치우더라고요. 그거 말고는 특별한 건 없었어요. 집에 있는 로봇 강아지를 보여주고, 노래도 몇 곡 더 불러줬어요.

  그런데 어찌 된 영문인지 40분도 채 지나지 않아 표정이 안 좋아지더니 집에 가버리더라고요. 저는 그녀가 왜 화가 났는지, 제가 뭘 잘못했는지 정말 모르겠습니다. 집으로 돌아간 그녀에게 전화를 했더니 이제 정말 끝이라며 연락하지 말라면서 전화도 확 끊어버리더라고요. 이 일이 있은 지 벌써 여섯 달이 흘렀습니다. 그 이후에도 소개팅은 몇 번 했지만 그녀만큼 흡족했던 여자는 없었습니다. 지금 그녀에게 다시 연락해도 될까요? 아니면 꼭 그녀가 아니더라도 앞으로 여자를 만날 때 어떻게 해야 할까요?

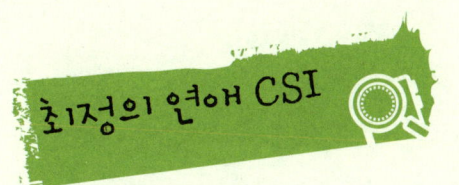

최정의 연애 CSI

연애 경험도 거의 없고, 무엇보다 본인이 원하는 여자를 한 번도 사귀지 못한 당신. 당신의 가장 큰 문제점이 뭔 줄 아는가? 본인 스스로도 말했지만 바로 자신감이 없다는 것이다. 당신은 지금 눈빛이나 말투, 행동에서 이미 자신이 없다는 걸 다 드러내면서 누군가와 만나고 있다. 말을 하기 전에, 행동을 하기 전에 자꾸 주춤한다거나 상대방의 눈치부터 살핀다거나 눈을 똑바로 쳐다보지 못한다거나 하면 상대방 여자가 당신을 어떻게 볼까? 일단 이게 가장 큰 문제라는 걸 짚으면서 상대방 여자에 대해 분석해보자.

속이 훤히 비치는 섹시한 스타일의 옷을 즐겨 입는 여자. 이런 여자들을 가장 많이 만날 수 있는 곳이 어디인가? 바로 클럽이다. 그리고 이런 옷 스타일을 입는 여자의 성향은 보수적일까, 개방적일까? 굳이 둘 중에 하나로 구분하자면 개방적일 확률이 훨씬 높다. 또한 남자 경험도 많을 확률이 높다. 여자의 행동을 봤을 때도 개방적이라는 느낌이 온다. 우선 여자는 당신이 고백하려고 했을 때, 그것을 미리 감지하고 회피를 했다. 머리가 아프다는 핑계를 대면서 집으로 가겠다고 했고 그날 이후로는 연락이 잘 되지 않았다. 그게 개방적인지 아닌지랑 무슨 상관이냐고 물을지도 모르지만 보수적이고 남자 경험이 없는 여자의 경우에는 자기가 좋아하든 안 하든 고백받는 것 자체를 기피하지는 않는다. 하지만 개방적인 스타일의 여자들은 이미 그런 경험이 많기 때문에 그다지 즐기지 않는다. 괜히 고백받은 이후에 어색해지는 것보다는 자연스럽게 친해지기를 바란다. 그런데 일주일 동안 연락이 되지 않던 여자가 먼저 연락을 해서 만나자고 했다. 이것이 무슨 의미일까?

여자 입장에서는 당신이 그다지 마음에 끌리는 건 아니어도 이제 나이도 있고 하니 결혼을 해야 하는데, 당신이 결혼하기에는 적절한 후보라고 판단했다는 것이다. 그러니까 한 번 더 만나보려고 나름대로 노력한 것이다. 그래서 여자가 당신한테 이런 말을 한 것이다.

"오빠는 백화점 명품 코너에 있는 물건인데 사고 싶지 않은 물건 같아."

그런데 당신이 좋은 모습을 보여주려고 노력했고 직접 기타를 치면서 노래를 불러주는 퍼포먼스까지 했다. 그때 여자는 무슨 생각을 했을까?

'느낌은 안 오는데 그냥 사고 한 번 쳐볼까?'

아마도 이런 생각을 했을 것이다. 이성적으로 생각하면 당신이 괜찮은 남자라는 걸 알겠는데, 마음이 안 가니까 일단 몸으로 한번 부딪혀보려고 한 것이다. 그러니 짧은 치마를 옷으로 가려줬을 때 확 치워버린 것이다. 이 행동은 그녀의 심리를 가장 잘 보여준다. 그런데 당신은 여기서 또다시 실수를 한다. 그녀의 그런 마음을 알아차리고 그에 따른 액션을 취해야 하는데 당신은 로봇 강아지나 보여주고, 재미도 없는 이야기를 늘어놓았던 것이다. 그 여자 입장에서는 어떻게 생각했겠는가?

아마도 속으로 '줘도 못 먹는 놈'이라며 당신을 비웃었을 것이다. 그리고 아무리 조건이 좋아도 이건 아니라고 결론 내리고 당신을 떠나간 것이다.

친구들에게 저를 소개하지 않는 남친, 결혼해도 괜찮을까요?

나

나이와 성별 : 25살, 여자
직업이나 학력, 재력 : 취업 준비생
외모 : 못생기지는 않았지만 그렇다고 특출하게 예쁜 것도 아닌 평범한 스타일.
연애 경험 : 지금 연애가 세 번째입니다.
연애관 : 일단 연애에 돌입하면 한 사람에게 지고지순하게 몰입하는 스타일입니다. 제가 우유부단하고 독하지 못해서 그런지 저한테 없는 강한 면을 갖고 있는 남자가 좋습니다. 남성미가 강한 남자, 자기주장이 강하고 여자를 리드하는 카리스마 있는 남자에게 항상 끌립니다.

상대

나이와 성별 : 29살, 남자
직업이나 학력, 재력 : 건축 관련 대기업에 재직 중입니다.
외모 : 키 180cm에 70kg, 덩치가 있으면서도 단단한 근육이 있습니다.
연애 경험 : 여러 여자들을 쉽게 쉽게 많이 만나본 것 같아요.
연애관 : 일이 제일 우선입니다. 자기주장이 강하며 여자는 남자에게 맞춰줘야 한다고 생각하고 고집이 셉니다. 사귀기 전에 돈 많고 집안 좋은 여자, 예쁜 여자 아니면 안 만난다는 말을 입버릇처럼 했습니다.

사건의 전말

　제 남자 친구는 사촌 오빠의 학교 후배인데 우연히 같이 밥을 먹게 되면서 농담을 주고받다가 친해지게 되었어요. 그때 이후로 그냥 아는 사이로 지내면서 일주일에 한 번 정도는 꾸준히 만났어요. 자기는 지금 여자를 사귈 마음이 없다고 이야기하면서도 계속 연락해서 보고 싶다고, 좋아한다고 말하는 그 사람 때문에 저는 너무 답답했습니다. 그 당시 제가 "그럼 우리는 무슨 사이야?"라고 물어보면 "너는 결혼할 여자야. 네가 3년만 늦게 나타났으면 얼마나 좋았을까……"라고 말했어요. 그런 식으로 두 달이 흘렀고 답답함이 한계점에 이른 제가 이제 그만하자고 선을 긋자 그제야 "우리 사귀어보자"고 말하더군요.

　그런데 연애를 시작한 지 석 달이 되었을 때 문제가 시작되었습니다. 남자 친구는 일주일에 서너 번은 회사 사람들과 술을 마십니다. 그리고 가끔씩은 접대 때문에 업소에도 출입합니다. 저는 일 때문에 업소에서 술을 마시는 것까지는 이해하지만 2차까지 나가는 것은 이해하기 힘들다고 말했고 그는 "네 말이 맞아" 하면서 자기는 절대 2차는 가지 않겠다고 약속했습니다. 그리고 사귄 지 석 달 동안은 어디에 있는지 집에는 언제 들어가는지 저에게도 잘 얘기해 주었습니다. 그런데 우연히 남자 친구의 휴대폰을 보고 저는 정말이지 충격을 받았습니다. 저에게는 취해서 집에 가서 자겠다고 거짓말을 하고 실제로는 질 나쁜 친구와 함께 클럽 가서 여자들과 어울려 놀았더라고요. 알고 보니 그렇게 진탕 놀고 나서 저에게 새벽 1시에 전화해서 "나는 너랑 결혼할 거야. 나한테는 너밖에 없어"라고 말했던 거더군요. 또 모르는 여자들에게서 계속 톡이 와서 누구냐고 물어보니 업소에서 만났는데 별 사이 아니라면서 오히려 저에게 "너는 왜 나를 믿어주지를 않니?" 하면서 화를 내더라고요. 이런 일이 있었어도 일주일에 한 번씩은 만나서 데이트를 했습니다. 그리고 제가 이력서 쓴다고 하면 자기가 먹여 살릴 테니까 쓰지 말라고 합니다. 하지만 말은 그렇게 하면서도 본인의 지인이나 가족들에게 저를 소개하지 않습니다. 또 평일 날 밤에는 연락이 되지 않을 때가 더 많습니다. 그래서 제가 왜 연락이 안 되느냐고 물으면 집착하고 구속하지 말라면서 그러면 너랑 못 사귄다는 식으로 말합니다. 이런 상황이 반복되면서 사귄 지 여덟 달이 되었는데요. 그는 내년에 결혼하자면서 곧 저희 집에 인사 오겠다고 합니다. 과연 그와 결혼을 진행하는 게 맞는 것인지 솔직한 조언 부탁드립니다.

최정의 연애 CSI

지금 이 사연을 읽어본 사람이라면 남녀를 불문하고 '결혼은 개뿔……'이라고 생각하고 있을 것이다. 이런 남자가 뭐가 좋다고 만나고 있느냐고 당장 쓰레기통에 던져버리라는 말들을 할 것이다. 내 생각도 이런 일반적인 평가와 크게 다르지 않다.

우선, 당신에게 한 번 묻고 싶다. 그럼에도 불구하고 당신이 그 남자하고 여덟 달 동안 사귀었던 이유는 무엇인가? 그래도 두 사람이 그동안 일주일에 한 번씩은 꼬박꼬박 만나서 데이트를 했기 때문이 아닌가? 그러는 동안 '정'이라는 게 생겼기 때문에 그가 나쁜 남자라는 것을 알면서도 차마 어쩌지 못하는 것이 아닌가.

이번에는 그 남자에게 한 번 묻고 싶다. 돈 많고 집안 좋은 여자, 예쁜 여자 아니면 안 만난다고 입버릇처럼 말한 당신이 왜 이 여자를 사귀고 있는가? 빼어나게 예쁘지도 않고 아직 취업 준비생인 그녀가 성에 차지 않으면서도 헤어지지 않는 이유가 무엇인가?

　그 남자 대신 내가 속마음을 한번 이야기해보겠다. 그가 당신이라는 여자를 가족이나 지인에게 소개하지 않는 이유는 간단하다. 평소 친구들과 클럽에서 만났던 여자들, 접대를 위해 유흥업소에서 만났던 여자들보다 당신이 못생겼기 때문이다. 예쁘고 쭉쭉빵빵인 여자 친구를 만나는 것이 성공의 징표라 생각하는 세속적인 남자이기 때문에 당신을 소개하기가 속된 말로 '쪽 팔리는' 것이다. 그렇다면 왜 헤어지지 않는 것일까?

　자기주장이 강하며 여자는 남자에게 맞춰줘야 한다고 생각하고 고집이 센 남자 친구. 그런 그에게 지고지순한 사랑을 준 당신. 과연 그 남자는 예쁘고 쭉쭉빵빵한 다른 여자들에게서 당신이 준 그런 사랑을 받을 수 있었을까? 바로 그것이 힘들다는 것을 알기에 당신과 못 헤어지는 것이다.

　물론 그 남자가 정말 괜찮고 좋은 사람이라면 그렇게 헌신해주는 여자 친구가 생길 수도 있다. 하지만 사연의 내용을 보면 그는 좋은 사람이라고 보기 힘들다. 마초남일 뿐 아니라 권위적이고 가부장적인 남자를 요즘 세상에 어떤 여자가 좋아하겠는가? 자기에게 죽어라고 잘해줘도 만날까 말까 하고 고민하는 예쁜 여자들이 그런 남자를 사귀겠는가? 결혼을 하겠는가? 자신이 무슨 짓을 해도 당신이라는 여자가 다 참아주고 이해해주니까 차마 헤어지지 못하고 있는 것뿐이다. 아무리 대기업에 다니고 외모가 괜찮아도 이런 남자랑 결혼하는 것은 아니라고 본다.

 그리고 만약 이 남자가 당신을 자신의 가족들에게 소개하고 결혼을 한다고 치자. 그렇다고 해도 그는 계속 이렇게 행동하고 다닐 것이다. 허구한 날 술을 마시고 여자를 만나면서 놀러 다닐 것이다. 직업적인 특성상 접대를 해야 하기 때문에 유흥업소에도 계속 출입할 것이다. 그렇다고 해도 계속 견딜 수 있겠는가? 만약 당신이 지금처럼 살 자신이 있다면, 그와 평생을 함께하는 조건으로 양보와 헌신을 할 자신이 있다면 말리지는 않겠다. 더불어서 이 글을 읽고 있는 많은 여자들에게 말하고 싶다. 잘난 남자, 카리스마 있는 남자에게 더 이상 목매지 마라. 당신이라는 여자를 위해 희생까지는 아니더라도 최소한 자신을 절제할 줄 아는 남자를 만나야 한다.

제 말투 때문에 차인 걸까요?

▶ 나

나이와 성별 : 24살, 여자
직업이나 학력, 재력 : 대학생
외모 : 키 170cm, 평범한 편입니다.
연애 경험 : 모태솔로였다가 처음으로 연애했으나 차였습니다.
연애관 : 다정다감하고 유머러스하고 센스 있는 남자가 좋습니다. 연하는 좋아하지 않습니다. 애교가 없고 무뚝뚝하다는 말을 종종 듣곤 합니다.

◀ 상대

나이와 성별 : 27살, 남자
직업이나 학력, 재력 : 대학생
외모 : 키는 171cm이지만 얼굴이 호감형입니다.
연애 경험 : 잘 모르지만 한 네다섯 번 정도?
연애관 : 기지와 아이디어가 뛰어나고 눈치가 빠르며 유머러스한 반면 다혈질 성향이 있습니다. 본인은 개방적이고 진보적 사고를 갖고 있다고 주장하지만 보수적인 면도 상당히 있어 보입니다. 자신이 예의 바른 만큼 상대방의 예의도 따지는 것 같아요.

사건의 전말

저는 불과 몇 달 전에 모태솔로에서 탈출했습니다. 함께 강의를 들었던 복학생 선배가 저를 모태솔로에서 벗어나게 해준 주인공이에요. 그 선배는 키가 약간 작다는 것만 빼면 모든 게 제 마음에 쏙 들었습니다. 다정다감하고 센스쟁이이고 유머러스했거든요. 우리는 함께 강의를 듣다가 친해졌고 과제 때문에 카톡을 주고받다가 어느 순간 자연스럽게 사귀게 되었어요. 최정 씨가 『30일 안에 내 사람 만들기』에서 조언한 대로 저는 선배에게 어떤 여자를 좋아하는지가 아니라 어떤 여자를 싫어하는지를 물어봤어요. 적어도 선배가 싫어하는 여자 유형은 되지 않으려고 노력하기 위해서요.

"개념없는 여자만 아니면 돼."

선배는 이렇게 말했고 저는 이 말을 가슴 깊이 새겼습니다. 우리는 약 두 달 동안 평균 일주일에 이틀 이상은 만나서 데이트를 했습니다. 그런데 이게 웬일입니까? 야외에 있는 절에 가서 산책도 하고 밥도 먹고 즐겁게 보내고 온 날 이후 선배가 잠수를 타버렸습니다. 전화도 여러 번 하고 카톡도 해봤는데 전혀 반응이 없습니다. 제가 지금 답답한 것은 저의 어떤 점 때문에 잠수를 타버린 건지 잘 모르겠다는 것입니다. 제가 원래는 활발한 편인데 이상하게 선배 앞에만 가면 어떻게 해야 할지 조심스러워서 말수가 줄어들고 편안하지 않게 행동한 것 같아서 마음에 걸립니다. 가끔 둘이 어떤 상황에 대해 이야기할 때 "아, 정말 그 찌리들 빡친다" 하고 평소 친구들과 허물없이 나누던 말투가 튀어나왔던 적이 있는데 혹시 그것 때문인지 싶어요. 그런데 사실 제가 욕을 한 것도 아닌데 그것 때문이라면 너무하는 거 아닌가요? 김장 이야기가 나왔을 때도 저는 그냥 솔직하게 "김장할 필요가 뭐가 있어? 사먹으면 되지" 하고 답한 적이 있는데 그것도 마음에 걸립니다. 애교 없고 무뚝뚝한 제 성격 때문인가 싶기도 하고요. 특별히 헤어질 만한 사건이 있었던 것도 아닌데 선배가 갑자기 연락을 끊어버리니까 별의별 생각이 다 들고 제 스스로에 대해서 자책하게 됩니다. 제가 이렇게 차인 이유가 뭘까요? 정말 짐작대로 제 말투 때문인 걸까요? 혹시 선배가 잠시 이렇게 잠수를 탔다가 다시 저에게 연락을 할까요? 또 저는 지금 가만히 기다리는 게 나을까요, 아니면 어떤 행동을 취하는 게 나을까요? 조언 부탁드립니다.

항상 느끼는 것이지만 연애 상담 중에서 가장 힘든 것이 바로 모태솔로 남녀의 첫 연애에 대한 것이다. 그들은 왜 헤어졌는지, 정확하게 말하자면 왜 차였는지를 알지 못한다. 설명을 해줘도 잘 알아듣지를 못 한다. 그러니 아담과 이브 수준으로 일일이 하나씩 설명을 해줘야 한다. 지금 사연을 주신 당신도 그렇다. 왜 차였는지를 모른다고 했다. 물론 '개념없는 여자가 싫다'는 남자의 말에 근거해서 이야기하자면 당신의 개념없는 말투 때문에 차였을 가능성이 있다. 친구들끼리 쓰는 편한 말투나 은어를 썼다는 것을 보면 이보다 더 하거나 비슷한 말들도 했을 것이고 그때마다 남자는 '이 여자는 아닌 것 같다'고 마음속으로 × 표를 그었을 것이다.

그런데 상담 내용을 보면 이별 중에서도 최악에 속하는 '잠수 이별'을 당했다. 이 사실을 미루어 짐작해보면 분명 스킨십에 문제가 있었을 것이다. 일반적으로 모태솔로 여자와 연애 경험이 몇 번 있는 남자가 연애를 시작했을 때

어김없이 불거지는 것이 바로 스킨십 문제이다. 대체로 스킨십에 대해서 아무 것도 모르는 모태솔로 여자는 남자가 뭘 원하는지 눈치를 채지 못한다. 꼭 말로 하지 않아도 눈빛이나 몸짓으로도 스킨십에 대한 합의를 주고받을 수 있는데 모태솔로 여자와는 그런 커뮤니케이션이 잘 이뤄지지 않는다. 처음에 이야기했듯이 ABC부터 일일이 설명을 해줘야 상황을 이해하기 때문이다. 그 선배가 갑자기 잠수를 타버린 시점을 잘 살펴봐라. 사귄 지 두 달이 된 시점에 야외에 있는 절에 가서 산책도 하고 밥도 먹고 즐겁게 놀다 오고 나서부터 연락이 안 되었다. 당신이 두 달 동안에는 그러지 않다가 야외에 나간 바로 그날만 개념없는 말투와 은어를 섞어서 사용했는가? 그런 건 아니지 않은가.

남자 입장에서는 그렇다. 두 달 동안 일주일에 이틀 이상 꾸준히 만나서 데이트했고 야외까지 나갔다 왔는데 어떠한 스킨십도 할 수가 없었다. 게다가 애교도 없고 그다지 예쁜 외모도 아니다. 설상가상으로 여자가 점점 본색을 드러내면서 저렴한 말투를 쓰기 시작했다. 그렇다면 그 남자 입장에서는 당신과 사귀면서 뭐 하나라도 만족스러운 게 있겠는가? 남자가 당신에게 한눈에 홀딱

반한 경우가 아니기에 그 남자는 당신과 사귀었다고 해서 좋을 게 별로 없다. 그러니 조용히 잠수를 타버린 것이다. 이렇게 잠수를 타고 나서도 다시 만날 수 있지 않느냐고 물었는데 만나기 쉽지 않다. 그렇지 않은가? 이별에는 여러 종류가 있지만 '문자 이별'보다 더 심한 최악의 이별이 '잠수 이별'이다. 좀 심하게 표현하면 어떤 목적을 갖고 접근했다가 목적을 달성한 이후 취하는 것도 '잠수'라는 것을 기억해라. 이것은 일단 일방적이다. 앞으로 당신과의 관계가 개선될 여지가 없다고 판단했기 때문에 아예 마음을 접어버린 것이다. 차라리 "다시는 나한테 전화하지 마" 하면서 화를 내며 이별을 통보하는 쪽이 더 낫다. 화를 낸다는 건 그 사람에게 기대한 바가 있었고 그것이 충족되지 않았다는 걸 나타내는 것이기 때문이다. 그런데 그 선배가 잠수 이별을 택했다는 것은 그런 의사 표현조차도 불필요하다고 느꼈다는 것을 의미한다. 그러니 지금 그 선배에게는 관심을 꺼라. 정말 좋은 공부했다고 생각하고 다음 연애를 준비해보기를 권하는 바이다.

의뢰인 #7

전 여친을 잊지 못하는 남친, 헤어져야 하나요?

🔊 나

나이와 성별 : 30살, 여자
직업이나 학력, 재력 : 출판사 편집자
외모 : 전반적으로 몸매가 좋다고 하기는 힘들지만 키가 크고 얼굴이 작으며 다리가 날씬합니다.
연애 경험 : 낯을 많이 가리고 내성적인 성격인데다 외모도 평범한 편이어서 소개팅을 통해 누군가를 사귄 적은 없어요. 네 번 사귀었는데 다 지인에서 연인으로 발전한 케이스입니다. 짧게는 두 달에서 길게는 2년 동안 사귀었습니다.
연애관 : 사귀었던 네 명의 남자들이 전부 키가 크고 덩치가 있는 스타일이었어요. 남자 친구가 생기면 제 친구들은 곧잘 "너는 살하고 근육하고 구분을 못 하는구나"라고 말하곤 했습니다.

🔊 상대

나이와 성별 : 30살, 남자
직업이나 학력, 재력 : 대학원생
외모 : 얼굴은 평범하지만 키가 크고 덩치가 있습니다.
연애 경험 : 잘 모르지만 두 번인데 각각 2년, 3년 동안 사귄 것 같아요.
연애관 : 모르겠습니다.

사건의 전말

저희는 같은 대학교 같은 과 동기로 처음 만났습니다. 그러니까 알게 된 지는 벌써 10년이 된 거지요. 학교에 다니는 동안 저는 이 친구가 연애하는 과정을 지켜봤습니다. 저 또한 다른 남자와 사귀었고요. 제가 먼저 졸업했는데 저는 제 일 때문에 바쁜 하루를 보냈고 그 친구는 잠깐 회사 생활을 하다가 다시 대학원에 진학하는 동안 연상의 여자 친구를 만나 결혼 이야기까지 오고 갔던 걸로만 알고 있었습니다. 우리는 딱히 친한 사이도 아니었고 그렇다고 친하지 않은 사이도 아니었어요. 만나면 허물없이 이야기를 나누는 사이이지만 굳이 시간 내서 자주 만나는 사이는 아니었거든요. 그러다가 2년 전쯤 동기 모임에 갔다가 이 친구와 급속도로 가까워졌습니다. 예전에는 동기 남자애들은 남자로 느껴지지 않았는데, 사회생활을 하면서 그리고 나이가 들면서 이 친구도 많이 어른스러워지고 남자다워졌더라고요. 그는 전 여친이랑 갈 길이 달라서 헤어졌다면서 저에게 사귀자는 식으로 고백 비슷한 말을 했습니다. 저도 그 당시 사귀던 남자 친구와 헤어졌던 시기여서 우리 둘은 연인이 되었습니다. 그는 사귀자마자 3일 만에 부모님을 만나러 가자고 우겼고 우리 집에도 자주 놀러 왔습니다. 그러면서 금방 결혼할 것처럼 행동했습니다.

그런데 사권 지 두 달 만에 저희 두 사람은 미친 듯이 싸우기 시작했어요. 처음에는 타협할 줄 모르고 고집불통인 그의 성격 때문이라고 생각했지만 알고 보니 그 원인은 따로 있었습니다. 바로 그의 전 여자 친구가 원인이었던 겁니다. 그 친구는 헤어진 줄 알았던 전 여자 친구와 저 몰래 계속 연락을 주고받고 있었던 거예요. 우리가 과연 사귀고 있는 게 맞는지 헷갈리는 상황이 연출될 때마다 저는 그 친구에게 불같이 화를 냈고 그때마다 우리는 싸우게 되었어요. 그런 시간이 여섯 달 동안 지속되던 어느 날, 연락이 두절된 그가 밤새 전 여자 친구와 함께 있었을 뿐 아니라 저와 사귀고 있다는 사실조차 그녀에게 알리지 않았다는 걸 알게 되었어요. 저는 그때 제 자신이 바보가 된 것 같았습니다. 그래서 정말 끝내야 할 것 같아 그에게 이별을 통보했습니다. 그러나 한 달 뒤 저도 모르게 남자 친구에게 전화를 걸고 있는 제 자신을 발견했습니다. 그가 보고 싶었고 제가 너무했나 하는 생각이 들었던 겁니다. 그날 우리는 만났고 울면서 화해했어요. 그리고 다시 노력해보기로 했어요. 그는 다시는 전 여자 친구를 만나지 않겠다고 약속했고 무조건 제 입장에서 배려해주었습니다. 그러고 나서 다시 얼마 동안은 평안하고 행복하다는 느낌이 들었습니다.

그러나 그 느낌은 오래가지 않더군요. 결혼을 약속하고 상견례 날짜까지 잡은 어느 날, 그가 여전히 전 여자 친구를 만나고 있다는 사실을 알게 되었습니다. 그것도 전보다 훨씬 더 자주 만났더군요. 저는 상견례 약속을 취소하고 남자 친구의 부모님께 모든 것을 말했습니다(저희 부모님께는 차마 말하지 못했습니다). 그러고 나서 정말로 헤어졌습니다.

그런데 사람의 인연이라는 것이 참으로 질긴 것이더군요. 여섯 달 정도가 흐른 뒤 제 생일날 집 앞으로 찾아온 그는 참회의 눈물을 흘리면서 저에게 용서를 구했습니다. 또다시 그 눈물에 넘어간 저는 다시 한 번 그를 믿어보기로 결심했고 또다시 석 달 뒤 똑같은 상황을 반복해야 했습니다. 전 여자 친구를 잊지 못하면서 왜 저를 만났는지 저로서는 그 친구를 이해할 수가 없습니다. 전 여자 친구를 사랑한다면 무슨 일이 있어도 그녀와 잘해보면 그만 아닙니까? 왜 제 앞에 나타나서 미안하다고 사랑한다고 울면서 호소했는지, 최정 씨의 표현대로 그 친구가 저를 '보험녀'로 생각한 걸까요? '보험녀'가 되지 않기 위해서는 어떻게 행동해야 했을까요?

여기서 일단 가장 먼저 짚고 넘어가야 하는 것이 있다. 그 남자는 왜 전 여자 친구랑 헤어졌을까? 남자의 표현대로라면 '갈 길이 달라서 헤어졌다'고 했다. 이것을 다른 말로 하면 뭘까? '사랑했지만 헤어질 수밖에 없었다'이다. 그리고 당신이 알아야 할 사실이 한 가지 더 있다. 당신과 그 남자가 사귀게 된 이유가 바로 그것이다. 당신은 전 남자 친구를 이미 잊고 나서 그를 사귄 것이지만 그는 전 여자 친구를 잊지 못하는 상태에서, 말하자면 그냥 '여자가 필요해서' 당신을 사귄 것이다. 여기서부터 이 모든 불행이 시작된 것이다.

그가 전 여자 친구랑 헤어진 이유를 생각해보면 대략 두 가지의 가설이 있다. 첫 번째는 두 사람이 서로 사랑했지만 조건이 맞지 않아서 남자 집안이든, 여자 집안이든, 외부 압력으로 헤어진 경우이다. 당신과는 사귀자마자 부모님께 소개하고 1년이 못 되는 시점에 상견례 날짜까지 잡은 남자이다. 이렇게 여러 번 당신을 배신하고 다시 만날 정도로 잊지 못하는 전 여자 친구인데 그녀와는 왜 결혼 이야기를 하지 않았을까? 그 점을 의심해봐야 한다. 두 번째 가설은 전 여자 친구는 결혼할 마음이 없는데 당신의 남자 친구 혼자서 결혼하고 싶어 하는 경우이다. 특히나 요즘에는 이렇게 말하는 여자들이 꽤 많다.

"그냥 이렇게 연인 사이로 지내는 것이 좋지, 굳이 결혼을 해야 될까?"

"나도 오빠를 사랑하지 않는 건 아니야. 단지 결혼할 생각이 없는 거야."

당신의 남자 친구는 이성적으로는 모든 것을 감지하고 있다. '어차피 집안의 반대가 너무 심해서 안 돼' 혹은 '나랑 결혼할 마음도 없는 여자잖아'라고 생각하고 있다. 그런데 머리와 가슴이 따로 놀고 있다는 것이 문제이다. 자꾸 잊으려고 해도 생각나고, 보고 싶고, 만나고 싶은 것이다. 전 여자 친구가 헤어지자고 말은 하면서도 실제로 감정적으로는 그를 놓아주지 않았을 확률도 높다. 그러니 남자가 거기에 끌려 다니는 것이다. 그렇다면 결론은 나온다. 왜 그는 같은 잘못을 반복하면서 그때마다 눈물을 흘리며 무릎을 꿇고 당신에게 사과를 했을까? 참회의 변을 토하며 다시 사랑을 맹세했을까? 그때는 마음이 아니라 머리가 움직였던 것이다. 마음은 전 여자 친구에게 가 있지만 어차피 그녀와 이어지지 못하고 당신이라는 여자와 결혼해야 한다는 걸 알고 있고 또 어떻게든 수습을 해야 되기 때문에 온갖 미사여구로 당신을 설득했던 것이다. 만약 타인이 이런 상황에 빠져 있다면 당신도 그 사람에게 '빨리 헤어지는 게 상책'이라고 말했을 것인데, 이게 본인의 문제가 되니까 객관적인 판단을 할 수 없었던 것이다.

실제로 내가 컨설팅을 했던 여자분이 이런 남자와 결혼을 했다가 현재 이혼 직전의 상태에 놓여 있다는 걸 말해주고 싶다. 아마 그 남자와 결혼을 하더라도 이런 행동은 없어지지 않을 것이다. 남자도 전 여자 친구를 버리지 못하고, 전 여자 친구도 그 남자를 놓아주지 않는다. 결혼해서도 그 꼴을 계속 볼 수 있겠는가? 그런 거 아니라면 마음 독하게 먹고 당장 그 남자를 잘라내라.

의뢰인 #8

쉽게 볼까 봐 일부러 튕겼는데 잘못한 걸까요?

⏩ 나

나이와 성별 : 28살, 여자
직업이나 학력, 재력 : 모델(패션지, 쇼핑몰 등)
외모 : 168cm, 48kg, 얼굴도 달걀형이고 한효주 닮았다는 말을 자주 들어요.
연애 경험 : 고등학교 때부터 꾸준히 적어도 열 번은 넘게 사귀었습니다. 기간은 짧게는 한 달, 길게는 5년까지 다양해요.
연애관 : 예전에는 잘생기고 능력 있는 남자가 좋았는데, 점점 착하고 귀엽고 저를 위해 노력하는 남자가 좋아지고 있어요.

⏪ 상대

나이와 성별 : 33살, 남자
직업이나 학력, 재력 : 한의사
외모 : 179cm, 통통하고 귀엽고 인상 좋은 스타일.
연애 경험 : 잘 모르지만 꽤 만난 거 같아요.
연애관 : 자기 마음에도 들면서 조건도 좋은 여자를 만난다는 건 쉽지 않다면서 포기했다는 식으로 말하더라고요. 같은 한의사와 사귀다가 헤어진 것 정도만 알고 있어요.

정식으로 사귀자고 한 지는 정말 며칠 밖에 되지 않았어요. 소개팅으로 만났다가 애프터 신청을 받아서 두 달 동안 열 번 정도 만나서 데이트를 했는데요. 만나는 동안 분위기가 그렇게까지 나빴던 적은 없고요. 스킨십도 키스 정도만 했습니다. 그분이 본인의 한의원을 구경시켜 준다고 해서 갔다가 그만……. 제가 느끼기에는 그분도 저도 분명 서로에게 호감이 있었는데 왜 갑자기 연락이 끊어졌는지 궁금합니다. 마지막으로 데이트한 날 주고받았던 메시지입니다.

남자 : 이따가 영화 보자.

여자 : (답 안 함)

남자 : 왜 또 답이 없어?

여자 : (시간이 한참 흐르고) 오늘 좀 바빠서요. 정확히 몇 시쯤 끝날지 모르겠어요.

남자 : 시간 정해짐 알려줘.

여자 : 응. 20분 안에 얘기해줄게요. 왜? 약속 있어요?

남자 : 아니 그런 건 아니고, 사실은 친구들이 술 마시자고 해서…….

여자 : 아? 그럼 술 마셔요. 나는 괜찮아요.

남자 : 아니, 그래서 친구들이랑 술 마신다는 게 아니고, 너한테 먼저 물어보는 거잖아. 아놔. 진짜. ㅜㅜ

(30분 정도 뒤)

여자 : ㅎㅎ 곧 퇴근할 거 같아요.^^

(몇 분 후)

남자 : 나 그냥 친구들이랑 술 마실래.

여자 : 퇴근은 했어요?

남자 : 아니, 아직 안 했어.

이런 카톡 메시지를 주고받은 이후에 연락이 끊겼어요. 그 이후에 제가 카톡을 보냈지만 2주가 지나도록 답이 없네요. 제가 뭘 잘못한 건지 잘 모르겠어요. 이런 대화를 주고받기 전전날 만나서 같이 고기 구워 먹고 술도 한잔했는데 그때 뭔가가 맘에 안 들었나 싶기도 해요. 그날 제가 이렇게 말했거든요.

"오빠, 우리 사귄 지 아직 며칠 되지도 않았는데 나한테 '너'라고 호칭하는 건 좀 아니지 않아?"

그리고 또 이런 말도 했습니다.

"오빠는 여자를 만나도 노력을 안 하는 것 같아. 오빠는 그렇게 안 해도 여자들이 다 좋아해주니까 그냥 너무 자신감에 가득 차 있는 사람 같아."

　제가 이렇게 말했을 때 사실 분위기가 약간 딱딱해지고 오빠 표정도 별로 좋지는 않았던 것 같아요. 하지만 험악할 정도는 아니었어요. 제가 이 정도는 이야기할 수 있는 거 아닌가요? 오빠가 잘나가는 한의사라고 해도 제가 무조건 다 맞춰주면 저를 우습게 생각할 수도 있을 것 같아서 그렇게 말했는데 제가 잘못한 건지 궁금합니다. 그런데 이 정도 이야기 때문에 저에게 연락을 끊은 거라면 이 남자를 다시 생각해볼 필요가 있을까요? 아무리 잘난 남자더라도 어떤 여자를 정말 좋아한다면 이런 상황에서 오히려 여자를 놓치지 않기 위해 노력하는 게 정상 아닌가요? 이 오빠를 잡기 위해 노력해야 하는 건지 아니면 그냥 포기해야 하는 건지 모르겠어요.

얼굴도 예쁘고 몸매도 괜찮은 여자. 당신의 표현대로 말하자면 한효주를 닮은 외모에 모델이 직업이 여자. 그런데 남자들이 아무리 예쁜 여자를 좋아한다고 해도 이런 식으로 하면 안 된다. 두 가지를 지적하고 싶은데 먼저 카톡으로 나눈 대화이다.

여자 : 응. 20분 안에 얘기해줄게요. 왜? 약속 있어요?
남자 : 아니 그런 건 아니고, 사실은 친구들이 술 마시자고 해서…….
여자 : 아? 그럼 술 마셔요. 나는 괜찮아요.
남자 : 아니, 그래서 친구들이랑 술 마신다는 게 아니고, 너한테 먼저 물어보는 거잖아. 아놔. 진짜. ㅜㅜ

이 대화에서 당신은 무엇을 잘못했을까? 당신 나름대로는 일이 언제 끝날지 몰라서 남자를 배려해준다고 한 말인데 왜 짜증을 내는지 이해할 수 없다고 생각하겠지만 남자의 마음은 그게 아니다. 친구들이 그렇게 불러내도 당신과 시간을 함께 보내고 싶다고 분명히 의사를 표현하고 있는데 어떻게 그렇게 반응하느냐는 것이다. 그렇다면 어떻게 메시지를 날리는 게 좋을까?

여자 : 웅. 20분 안에 얘기해줄게요. 왜? 약속 있어요?
남자 : 아니 그런 건 아니고, 사실은 친구들이 술 마시자고 해서…….
여자 : 오~~빠 나 방금 감동했잖아. 친구들하고 술 마시는 유혹도 포기하고 나를 기다리고 있는 거예요~? ^^
남자 : 걔들 만나봐야 재미없거든.
여자 : 진짜? ㅜ.ㅜ 그러면 내가 오빠를 위해서 초스피드로 어떻게든 빨리 끝내야겠당. 조금만 기다려요~.

이런 식으로 메시지를 보내야 된다. 그러면 남자의 반응이 달라질 것이다.

나도 여태까지 연예인급으로 얼굴이 예쁜 여자들을 참 많이 만나봤는데 사연을 준 당신처럼 애교가 없는 경우도 꽤 있었다. 굳이 이유를 따지자면 배울 필요가 없었기 때문이다. 일단 20대까지는 얼굴 예쁘고 몸매가 좋으면 남자들이 미친 듯이 다가와서 대시를 한다. 어떻게든 만나보려고 물심양면으로 공세를 펼치고 여자 위주로 다 맞춰주기 때문에 애교를 부리며 남자의 마음을 녹여야 할 이유가 없었던 것이다. 그러나 남자 나이가 30대를 훌쩍 넘어가면 단지 외모 때문에 여자를 사귀지는 않는다는 걸 알아야 한다.

그리고 두 번째, 당신의 멘트이다. 참 놀라웠던 것이 하나 있는데 "오빠는 여자를 만나도 노력을 안 하는 것 같아"라는 말이다. 이해가 안 된다. 왜 당신이라는 여자가 인정하는 노력만 노력이라고 생각하는가?

쉽게 생각을 해보자. 중·고등학교 때 한 번쯤은 천재 같은 친구를 만나봤을 것이다. 공부도 별로 안 하고 놀기만 하는데 수업 시간에 듣는 것만으로도 우등상을 받는 친구. 머릿속으로 암산이 되어서 수학 문제를 술술 푸는 친구. 혹은 예체능 계열에서 천재 같은 실력을 갖춘 친구. 그들에게 "너는 원래 공부를 잘하니까 굳이 노력을 안 하는 것 같아"라고 말할 수 있을까? 그들도 나름대로는 노력을 하고 있다. 공부를 하고 있다. 단지 보통 사람처럼 몇 시간이고 책상머리에 앉아서 연습장에 일일이 하나하나 적어가면서 미친 듯이 하는 것처럼 안 보일 뿐이다. 그런 것과 같은 논리이다. 지금 그 남자는 누가 봐도 '결혼하고 싶은 남자'다. 조건도 괜찮고 외모도 괜찮고, 성격도 나쁘지 않다. 그러니 그는 당신이 표현한 대로 '여자들이 다 좋아해주니까 자신감에 가득 차 있는' 게 아닐까? 그러나 그렇다고 그가 노력하고 있지 않는 것일까? 당신이라는 여자를 만나기 위해 장소를 알아보고, 영화를 예매하는 일련의 행동들이 어찌 보면 그에게는 노력의 일환이라는 것을 알아줘야 한다. 그래야 더 노력하기 위해 애쓰게 된다. 게다가 그는 누구나 인정하는 킹카남이 아닌가! 그러니 당신이 정말 그 남자를 잡고 싶다면 어떻게 말을 해야 되겠는가?

"있지, 오빠가 나한테 잘하려고 하고 충분히 노력하고 있는 거 아는데……."

이런 말을 사전에 던지고 나서 섭섭한 것을 이야기하거나, 뭔가 부족한 부분에 대해서 말을 해야 하는 거 아니겠는가? 아무리 돌직구가 유행하는 시대라고는 하지만 남녀 사이에 그렇게 말하면 안 된다. 입장 바꿔서 생각해봐도 마찬가지이다. 만약 당신이 그 남자에게 잘하기 위해 나름대로 애쓰고 있는데 이런 말을 듣는다면 기분이 어떻겠는가?

"너는 그냥 가만히 있어도 남자들이 너를 좋아해주니까 상대방을 배려도 안 하고 양보도 안 하는 것 같아."

헌신하는 습관, 어떻게 하면 버릴 수 있을까요?

▶ 나

나이와 성별 : 25살, 여자
직업이나 학력, 재력 : 사무직 회사원
외모 : 고등학생 때 잡지 모델로도 활동했고, 솔직히 예쁘다는 이야기는 지겹도록 들었어요. 단 키가 좀 작고 체형도 초등학생이라는 별명이 있을 정도로 작다는 게 콤플렉스네요.
연애 경험 : 고등학교 때까지 했던 연애 빼고 열 번 정도. 능력남, 마초남, 숙맥남, 섬세남, 소심남 등등 유형별로 다 만나본 것 같아요.
연애관 : 외모는 신경 쓰지 않고요. 어느 정도 미래가 있고 무게감 있고 자기 세계가 있는 사람이 좋습니다.

◀ 상대

나이와 성별 : 30살, 남자
직업이나 학력, 재력 : 사무직 회사원
외모 : 모델 경력이 있을 정도로 준수합니다.
연애 경험 : 몇 번 경험은 있는 듯한데 자세히는 몰라요.
연애관 : 자기만 바라봐주는 여자가 좋다고 말은 하는데 실제로는 나쁜 여자 타입에 끌리는 것 같습니다.

사건의 전말

저는 고등학교 2학년 때부터 시작해서 한 번도 연애를 쉬어본 적이 없습니다. 특별히 제가 남자 없이 못 사는 애정결핍증 환자라거나 언제나 의지할 대상이 필요한 의지박약한 성격이어서는 아니라고 생각합니다. 그냥 언제나 제 외모만 보고 찔러보는 남자들이 있었습니다. 그런데 어느 정도 괜찮아 보이는 남자가 조금만 잘해주면 금방 넘어갔다고나 할까요. 저를 잘 모르는 친구들은 얼굴이 예뻐서 좋겠다느니, 남자가 많아서 부럽다느니 이야기들 하지만 사실 저는 어렸을 때 잘못된 연애를 해서 그런지 자존감이 굉장히 낮은 편입니다. 고등학교 2학년 때 처음 사귄 남자 친구에게 저는 심장이 너덜너덜해질 만큼 상처를 많이 받았어요. 대학생이었던 그 오빠가 처음에는 하늘의 별도 따다줄 것처럼 집요하게 대시했지만 막상 사귄 이후에는 귀한 대접을 받아보지 못했습니다. 저로서는 인생에서 처음으로 경험하는 성관계도 거의 강압적으로 이루어졌어요. 오빠는 만약 응해주지 않으면 바로 헤어지자고 강요했고, 순진한 저는 내

키지는 않았지만 응해주는 게 사랑을 보여주는 거라고 생각했거든요. 주말마다 오빠네 자취방에 가서 청소하고 빨래하고 밥도 해놓고 기다리는 날들이 많았습니다. 그런데 나중에 알고 보니 그 시간에 오빠는 다른 학교 여대생들과 미팅을 하거나 술집에서 여자랑 놀고 있었다고 하더군요. 그것도 좀 시간이 흐른 후에 오빠의 친구들이 저에게 귀띔해줘서 알게 되었어요. 데이트 비용도 처음에는 오빠가 많이 냈지만 시간이 좀 지난 이후에는 거의 제가 다 내다시피 했어요.

"걔는 진짜 좀 아니니까 헤어져."

"야, 너 정도면 좋은 사람 만날 수 있는데 왜 그런 애를 만나?"

그 당시 제가 오빠 친구들이나 제 친구들로부터 자주 듣던 말입니다. 저도 오빠가 점점 아니라는 생각이 들었지만 미련 때문에 헤어졌다 만났다를 열 번 이상 반복했습니다. 이렇게 바보같이 저는 '헌신하는 사랑'에 익숙해져버렸습니다. 결국 그 오빠랑 헤어졌지만 그 이후에 어떤 연애를 해도 두 달을 넘기지 못했어요. 처음에는 제 외모를 보고 남자들이 다가오지만 두 달 정도 제가 헌신하고 베푸는 사랑을 하면 이상하게도 다들 먼저 질리는지 연락을 끊어버리거나, 다른 여자와 바람이 납니다. 그래서 저는 남자들이 '착한 여자'를 좋아한다는 말은 못 믿겠습니다. 이렇게 몇 번 연애에 실패하다 보니 이제는 저 좋다는 남자가 적극적으로 다가와도 안절부절못하게 되었습니다. 자존감도 자신감도 없어져서 "저 남자가 과연 나를 진심으로, 계속 사랑해줄까?"라는 생각이 먼저 들거든요.

같은 회사 다른 팀의 상사인 그가 저에게 대시하기에 이제 만나기 시작하고 있는데요. 또다시 이런 저의 나쁜 연애 패턴이 반복될까 봐 두렵기만 합니다. 그와 주고받는 카톡 메시지조차 어떻게 써야 할지 난감해요. 자존심이 바닥까지 떨어져서 그런지 안부 문자를 보낸다거나 전화를 먼저 한다거나 하는 것도 겁이 납니다. 그쪽에서 저를 질려 하지 않을까 해서요. 다시 실패하고 싶지 않은데 나쁜 습관이 또 나올까 봐 두려워요. 어떻게 하면 자존감을 높이고 여우처럼 연애할 수 있을까요?

언제나 빠지지 않고 꾸준히 들었던 질문을 해주었다.

"어떻게 하면 자존감을 높이면서 여우처럼 연애할 수 있을까요?"

대부분의 여자가 궁금해하는 질문이기도 하다. 일단 지금 사연의 주인공인 당신이 어떻게 하면 여우처럼 행동할 수 있는지에 대해서 알아보자. 당신의 가장 큰 문제는 두 달 남짓 짧은 연애를 반복하고 있다는 것이다. 그 기간이 지나면 남자들이 전부 질려서 떠나간다고 말했다. 잘해주지 않아서 떠난 것도 아니고 잘해줬는데, 헌신해줬는데 떠났다고 했다. 왜 그랬을까? 하나하나 당신의 상황을 되짚어보자.

우선 당신이 아직 스물다섯 살밖에 되지 않았으니 상대는 기껏해야 20대 중후반에서 30대 초반대의 남자들이었을 것이다. 그리고 당신이 사연에서도 말했듯이 조금만 괜찮은 남자가 잘해주면 금방 넘어갔다고 했다. 한마디로 본인이 생각하기에 매력이 있고, 느낌이 오는 남자들을 많이 만났다는 것이다.

그리고 홍역과 같이 나쁜 연애를 앓은 이후에도 당신은 남자 자체를 거부하거나 싫어하는 철벽녀 스타일이 되지는 않았다. 이런 것을 비추어봤을 때 당신의 연애 패턴은 다음과 같다.

마음에 드는 남자가 있다. ⇨ 그 남자가 당신에게 적극적으로 들이댄다. ⇨ 얼마 지나지 않아서 바로 넘어간다. ⇨ (자주 만난다.) ⇨ 헌신적으로 남자에게 잘해준다. ⇨ 두 달도 되지 못해서 남자는 연락을 끊거나 다른 여자와 바람을 피운다.

여기서 괄호 안 문구에 집중해야 한다. 사연에 쓰여 있지는 않았지만 두 달도 되지 않아서 질릴 정도면 아마도 날마다 만나다시피 했을 것이다. 그리고 자주 만나다 보니 당연하게 스킨십 진도가 빨라졌을 것이다. 그러면서 깊은 관계까지 가게 된다. 처음에 할 때에는 남자들도 좋아한다. 예쁜 여자와 잠자리를 가질 수 있다는 생각만으로도 기분이 우쭐해지기 때문이다. 그런데 대개의 경우 한 번 관계를 갖게 되면 그 이후에는 만날 때마다 관계를 갖는 것이 패턴화된다. 자주 관계를 맺을수록 여자인 당신은 남자를 진짜 좋아하게 되고 그럴수록 남자에게 잘해주게 된다. 그리고 헌신하는 습관대로 남자를 대한다. 그러나 얼마 못 가 남자가 당신에게 질렸다는 것을 감지한다. 여기서 문제의 시작은 의외로 단순하다. 방금도 강조했지만 '자주 만난다'는 것이 문제이다. 대부분 짧은 연애를 반복하는 여자들의 공통점이 바로 이것이다. 특히 20대 초중반의 여자들일수록 이렇게 생각하는 경향이 있다. 이 나이대에는 남자에 대한, 연애에 대한 판타지를 갖고 있기 때문이다.

"원래 서로 미치도록 좋아하면 날마다 보고 싶은 거 아닌가요?"

"그래도 연애 초반에는 하루걸러 한 번씩은 만나야 정상 아닌가요?"

이렇게 대놓고 말하는 여자들이 있는데 자주 만나면 무조건 질리게 되어 있다. 그래서 내가 입이 아프도록 처음 연애를 시작할 때 일주일에 한 번씩만 만나라고 한 것이다. 아무리 얼굴이 예쁘고 괜찮은 여자이더라도 예외가 없다. 여자들은 말도 안 된다고 비난을 퍼부을지 모르지만 이 명언을 주목하라.

남자는 연애를 하면 할수록 점점 그 여자의 단점이 보이기 시작하고,
여자는 연애를 하면 할수록 점점 그 남자의 장점이 보이기 시작한다.

그리고 또 한 가지 짚고 넘어가야 할 것이 있다. 이 말을 하면 또 여자들이 나를 비난할지도 모르지만 솔직하게 조언하는 게 이 책의 목적이니 안 하고 넘어갈 수는 없을 듯하다. 지금 당신은 자신이 상당히 예쁜 축에 속한다고 자화자찬을 했다. 그런데 '키가 좀 작고 체형도 초등학생이라는 별명이 있을 정도로 작다'고 표현했다. 나는 이 대목이 마음에 걸린다. 아무리 얼굴이 예쁘다고 해도 초등학생이라는 별명이 있을 정도로 체형이 빈약한 것은 여자로서 치명적인 단점이다. 짐작컨대 남자가 당신과의 성관계가 만족스럽지 않아서 떠났을 확률도 무시할 수가 없다. 가슴 성형까지는 아니더라도 당신이 몸매에 굴곡을 만들려고 노력해야 한다. 속궁합에 만족하지 않는데 어떤 남자가 결혼까지 하려고 하겠는가?

의뢰인 #10

분명 사귀고 있는 건데 고백하지 않는 남자를 어떡하죠?

▶ 나

나이와 성별 : 22살, 여자
직업이나 학력, 재력 : 의대 2학년생
외모 : 얼굴은 루시 리우 닮았다는 소리를 듣고요. 키 168cm, 몸무게 52kg으로 날씬한 편이에요. 다리가 긴 편이고 섹시하다는 말은 곧잘 듣습니다.
연애 경험 : 한번은 연하남과 1년, 또 한번은 학교 선배와 여섯 달 정도 사귀었습니다.
연애관 : 저는 약간의 결정장애가 있어서인지 여자를 확 휘어잡으면서도 배려심 깊은 마초남에게 끌립니다. 그리고 무엇보다 유머 감각 뛰어난 남자가 좋아요. 그리고 제가 기계치인데다 길치인데 이 부분에서 저에게 도움을 주는 남자가 좋습니다. 저보다 키 작은 남자가 저에게 대시하는 거 제일 싫어합니다.

◀ 상대

나이와 성별 : 25살, 남자
직업이나 학력, 재력 : 체대 4학년생
외모 : 솔직히 못생긴 편이지만 키가 183cm에 체격이 커서 듬직한 느낌이 있습니다.
연애 경험 : 잘 모르지만 대학에 온 이후로 세 번 정도 연애 경험이 있다고만 알고 있어요.
연애관 : 못생겼지만 함께 있으면 지루할 틈이 없이 유머러스하고 남자답고 자신감이 넘쳐흐릅니다. 깡마른 스타일보다는 몸매 좋고 섹시한 여자를 좋아한다고 이야기한 적 있고 로맨틱하다기보다는 굉장히 현실적인 사람입니다. 스포츠에 관심 많은 여자를 높게 평가하는 경향이 있습니다. 돈에 대한 욕심도 많고 의사라는 직업을 굉장히 부러워합니다.

사건의 전말

같은 과 친구가 주선한 소개팅으로 그를 알게 된 지는 벌써 1년이나 됐습니다. 작년 12월쯤 만나서 자연스럽게 친해졌어요. 그 사람은 사람과 친해지는 방법을 잘 아는 사람이에요. 한 번도 분위기가 어색하거나 냉랭했던 적이 없습니다. 만나서 같이 밥 먹고 술 먹으면서 친해졌고 개그콘서트도 같이 다녀오고, 크리스마스에도 연말에도 함께 공연장에 가서 즐겁게 보냈습니다. 그런데 이 친구가 지방에 있는 대학에 다니고 있었기 때문에 방학이 끝나면 장거리 연애를 해야 하는 상황이었어요. 거기에 대해 어떻게 생각하느냐고 묻길래 저는 아무래도 상관없다고 답했습니다. 그 이후에도 방학 동안 저희는 일주일에 한 번씩은 만나서 데이트를 즐겼습니다. 그리고 방학이 끝나기 전 사건도 있었어요. 새벽 4시까지 둘 다 정말로 취할 정도로 술을 마시고는 그 전까지는 한 번도 하지 않던 스킨십을 했습니다. 거의 끝까지 갈 뻔했지만 한 가닥의 이성을 부여잡고 유혹을 이겨낸 채 집으로 돌아왔습니다. 이 사건 이후 그는 지방으로 돌아갔고 저는 마음에 걸려 전화로 이렇게 물어봤습니다.

"혹시 그날 실수한 거야?"

"아니야. 그날은 나한테 정말 잊지 못할 날이야."

그는 진지한 어투로 이렇게 답했습니다. 그런데 그 이후 우리 사이는 그다지 진전이 없이 1년 동안 이어졌습니다. 사실 그는 이미 사귀는 사이처럼 말을 하는 경우가 많았어요. 예를 들어 제가 주말에 결혼식 있다고 이야기하면 "우리 결혼식? 결혼 준비는 잘 돼가? 아이는 몇 명이나 낳을까?" 하면서 너스레를 떱니다. 하지만 정작 사귀자는 말은 한 번도 하지 않았습니다. 그러면서도 제가 다른 남자 선배들과 어울리면 "질투 때문에 현기증이 날 것 같아"라고 이야기합니다. 또 자기가 있는 그 지방으로 주말에 놀러 오라고 조르기에 "오빠가 내 남자 친구면 갈게. 근데 우린 연인도 아니고 그렇다고 친구도 아니잖아"라고 말하면 "아무래도 안 되겠다. 우리 이야기 좀 하자"라고 해놓고서는 막상 서울에 와서는 아무 일도 없었던 것처럼 놀다가 그냥 내려가요. 솔직히 말하면 저도 그동안 그가 너무 모호하게 행동을 해서 세 번 정도 소개팅을 더 했는데 이 남자만큼 끌리는 사람이 없어서 다 거절했어요. 그리고 최정 작가님이 고백을 유도하려면 좋아하는 마음을 드러내라고 하기에 그에 따라 정말 그가 고백해도 거절당하지 않을 거라는 확신을 주려고 좋아한다는 표현을 많이 했어요. 그런데도 도대체 왜 적극적으로 다가오지 않는지 모르겠습니다. 혹시 다른 여자 친구가 있는 건 아닐까 하여 여기저기 알아봤는데 그런 건 확실히 아닌 것 같아요. 제가 의대생이라서 좋아하는 여자 이상형은 아닌데 혹시나 하고 어장관리를 하고 있는 걸까요? 아니면 자격지심 때문일까요? 도대체 뭘까요? 이런 경우 저를 어떻게 꾸미고 어떻게 대화를 유도해야 고백을 받아낼 수 있을까요?

최정의 연애 CSI

보통 이런 사연들을 여자들이 주로 많이 가는 사이트에 올리면 어떤 반응들이 올라올까?

"남자가 지금 당신을 갖고 놀고 있는 겁니다."

"그 남자, 당신을 진지하게 만나는 거 절대 아니에요."

"정말 남 일 같지 않아서 하는 말인데요. 사실 저도 똑같은 경험이 있어서 잘 알아요. 빨리 끝내세요."

이런 반응들이 올라온다. 물론 지금 이 사연을 보낸 당신도 이런 비슷한 이야기들을 친구나 지인으로부터 들어본 적이 있을 것이다. 그런데 굳이 내가 이 사연을 채택한 이유가 뭐겠는가? 나는 그렇게 생각하지 않는다는 것이다. 사람은 누구나 일명 '트라우마' 비슷한 것을 갖고 있다. 어릴 때 개에게 물린 경험이 있는 사람은 아무리 귀여운 강아지라도 만지지 못할 뿐 아니라 곁에 있는 것조차 싫어한다. 우리 주변에 그런 사람 한 명쯤은 있지 않은가? 그런데 연애라는 문제도 마찬가지이다. 예전에 누군가를 만나서 상처를 받은 사람은 오랫동안 그 기억에서 벗어나지 못한다. 버지니아 울프처럼 잘난 여자도 어린 시절 당한 성폭행의 기억이 지워지지 않아서 평생 동안 고통받다가 결국 자살까지 하지 않았는가. 그렇게 세계적인 작품을 쓴 잘난 여자도 그러한데 보통 여자들은 중·고등학교 때 남자에게 성추행이나 성폭행을 당하면 평생 동안 남자를 혐오해서 철벽녀가 되어버리기도 한다. 그런데 여자에게만 트라우마가 있는 것은 아니다. 남자도 마찬가지이다. 그렇다면 과연 이 남자에게는 어떤 상처가 있을까? 경우의 수는 두 가지이다.

첫 번째, 보통의 경우 남자는 자신보다 엇비슷하거나 좀 더 낮은 계급의 여자를 고른다. 자기의 여자 친구 앞에서는 최고의 남자로 대접받고 싶기 때문이다. 그런데 이 경우는 반대다. 여자인 당신은 의대생이고 남자는 체대생이다. 게다가 학교는 지방에 있다. 남자가 그 점을 의식하지 않았겠는가? 게다가 당신이 못생긴 것도 아니고 몸매가 보기 싫은 것도 아니라면 남자 쪽에서 부담을 느끼지 않았을 리가 없다. 예전에 당신처럼 자기보다 월등히 우월한 여자를 사귀었다가 차였던 경험이 있을 수 있다는 것이다.

그리고 두 번째 '장거리 연애'에 대한 트라우마가 있을 수 있다. 사연에서도 보면 남자가 당신에게 장거리 연애를 해도 괜찮겠는지를 물었다. 사실 그냥 서로 좋으면 장거리 연애든 단거리 연애든 상관없는 것인데 이런 질문을 따로 했다는 것 자체가 의심스럽기 때문이다. 그 남자가 예전에 장거리 연애를 하다가 서로 지쳐서 헤어진 경험이 있을 수 있다는 것이다.

이런 두 가지 경우의 수를 보고도 여자들은 이런 질문을 던질 것이다.

"에이, 그래도 정말 여자를 좋아한다면 고백을 하는 것이 도리 아닌가요?"

맞는 말이다. 하지만 이미 엎질러진 물이다. 사실 정석대로라면 진한 스킨십을 하기 전에 어떤 관계인지를 명확하게 짚고 넘어갔어야 맞다. 그런데 이미 그 상황이 벌어진 한참 뒤에야 당신이 그에게 고백을 유도했던 것이다. 자, 그렇다면 이제 당신은 어떻게 해야 할까?

지금까지 당신이 그 남자와 만나면서 고백의 말을 듣기 위해 노력했던 상황들을 일일이 적어보라고 권하는 바이다. 그것을 손편지로 직접 써서 남자에게 보내봐라. 분명 효과가 있을 것이다. 절대 돌직구를 던지지는 마라. 내가 추측한 대로 그 남자에게 트라우마가 있다면 당신이 가볍게 던지는 돌직구도 그에게는 부담이 될 수 있다. 그리고 편지의 말미는 이런 말로 장식을 해보자.

지금까지 살면서 누군가에게 먼저 좋아한다는 말을 해본 적이 없었어. 그만큼 오빠가 내 고백을 어떻게 받아들일지 겁이 나기도 해. 그래서 초조하고 겁이 나지만……
오빠가 "나도 너를 좋아해"라고 말해준다면 모든 걸 이겨낼 수 있을 것 같아.

어떻게 하루 만에 마음이 식나요?

🔁 나

나이와 성별 : 30살, 여자
직업이나 학력, 재력 : 카피라이터
외모 : 예쁜 얼굴이긴 한데 별명이 얼음공주일 정도로 인상이 차갑다는 말을 종종 듣고 있습니다. 아주 날씬하진 않지만 키가 165cm이고 다리가 예쁜 편입니다.
연애 경험 : 네 번 정도. 돈 많은 의사에서부터 백수 청년까지 다양하게 사귀어 봤습니다.
연애관 : 외모는 그다지 중요한 게 아닙니다. 저와 영화나 책 취향이 비슷하고 유머 코드가 맞으면 좋겠어요. 저는 인문 쪽 책을 많이 보고 판타지나 오락 영화보다는 드라마적 요소가 있는 영화나 미스터리를 좋아하는데 함께 책을 보고 이야기를 나눌 수 있는 사람이길 바랍니다. 독서뿐 아니라 봉사활동, 자전거 타기, 여행 등을 함께할 수 있으면 해요. 저를 잘 모르는 사람들은 조용한 사람이라고 생각하겠지만 친한 사람들 사이에서는 굉장히 시끄럽고 쾌활한 사람으로 통해요.

🔁 상대

나이와 성별 : 26살, 남자
직업이나 학력, 재력 : 대학생
외모 : 괜찮은 편이에요. 얼핏 보면 영화배우 하정우와 비슷합니다.
연애 경험 : 잘은 모르는데 연상녀와 몇 번 사귄 듯합니다.
연애관 : 이것 역시 잘은 모르는데 주로 연상녀에게 끌리는 타입인 듯합니다.

사건의 전말

그는 직장 동료의 남동생입니다. 한 프로젝트가 끝난 어느 날 회사 동료들과 뒤풀이를 하고 있는데 한 동료가 남동생이 근처에 있는데 합류해도 되느냐고 물었고 여자들만 모여 있었던지라 모두들 그를 환영했습니다. 첫 만남에 느낌이 참 좋았습니다. 조각 같은 외모는 아니지만 웃는 모습이 매력적이었고 저랑 통하는 구석이 있을 것 같았어요. 그리고 그 친구가 본인은 누나 취향이라면서 애교를 부리는데 솔직히 정말 귀엽다고 생각했습니다. 우리는 분위기를 즐기며 웃고 떠들었고 3차까지 갔습니다. 마지막에는 그와 저 둘만 남았는데 집 앞까지 예의 바르게 데려다주더라고요. 저는 그가 마음에 쏙 들어서 데려다줘서 고맙고, 조심해서 들어가라는 문자를 바로 보냈습니다.

그리고 나서 그다음 주 수요일쯤 그가 전화를 해서 묻더군요. 회사 근처로 가려고 하는데 나올 수 있느냐고요. 저는 8시 정도까지 야근을 하다가 나가서 그와 커피 한잔을 했습니다. 처음 만났을 때보다 더 듬직해 보였어요. 연하남 같지 않고 왠지 기대고 싶은 느낌까지 들었거든요. 우리는 그날 세 번째 데이트를 약속하고 기분 좋게 헤어졌습니다.

그러고 나서 바로 그 주말에 만나 영화를 봤습니다. 그날 본 영화가 〈라이프 오브 파이〉예요. 제가 워낙 좋아하는 소설이었고 영화도 좋았습니다. 그와 이 영화에 대해 이야기하는데 정말이지 제 짝을 만난 것 같은 느낌이 들었어요. 영화 보고 나서 삼겹살에 소주를 먹으면서 이런저런 이야기를 나눴고 우리는 12시쯤 귀가했습니다. 그날 2시부터 만났으니까 거의 하루 종일 같이 있었던 거예요. 이날 그는 제 가슴을 설레게 하는 멘트를 여러 번 날렸습니다.

"누나는 나 차면 안 돼~."

"오늘 나오는데 심장이 떨렸어."

"난 여자가 좋으면 얼굴을 만지는데, 오늘 그러고 싶은 걸 몇 번이나 참았어."

그러고 나서는 하루에도 몇 번씩 문자와 카톡을 주고받았습니다.

그런데 문제는 네 번째 만남 때 일어났습니다.

그다음 주 토요일, 그가 바다가 있는 자기 고향에 같이 가자고 했고, 겨울이니까 따뜻하게 입고 오라고 이야기해주었는데 (지금 생각해보면) 그날 그는 최고로 예쁜 남자였고, 저는 최고로 별로인 여자였습니다(제가 뭘 잘못했는지는 압니다). 그의 차를 타고 갔는데 계속 전 여자 친구들에 대해서 이야기했고 전 그냥 가만히 듣고 있었어요. 그러면서 그가 다음 주에 같이 가기로 한 전시회에 자기는 못 갈 것 같다고 하더군요(후에 생각해보니 그날 제 모습을 보고 나서 만나지 않으려고 이렇게 말한 것 같아요). 바다에 도착해서도 실수를 또 한 것 같아요.

"누나, 우리 맛있는 거 먹어요. 회 먹을까 아니면 조개 구이?"라고 물었는데 걷다 보니 국밥집이 나오는 거예요. 그래서 제가 "추운데 국밥 먹을래?"라고 한 겁니다(여기서 또 제가 실수한 거 맞나요?).

우리는 국밥을 먹고 나서(계산은 제가 했고) 바로 차에 탔습니다. 그는 그 도시의 여기저기에서 많은 이야기를 들려주었어요(자기가 다닌 고등학교는 어디이고 어디에 살았고……). 그런데 돌아오는 차 안에서 분위기가 이상했습니다. 확실히 그전과는 다른 어떤 기운이 감지된다고나 할까요? 여자의 직감으로 알겠더라고요. 이번 만남이 끝이겠구나 하는 느낌이요. 대화가 드문드문 이어지는 차 안에서 저는 그에게 마지막 실수를 한 것 같아요. 왜 그런 말이 나왔는지 잘 모르겠는데 원나잇해봤느냐고 물어봤습니다(여기서 또다시 제가 실수한 거 맞죠?). 그는 "노 코멘트"라고 답했고 저는 "알아서 알아들을게"라고 응수했습니다. 또다시 정적이 흐르고 저는 그에게 "나 만나면 어떤 기분이 들어?"라고 물었습니다.

"편하고 좋아."

그는 이렇게 대답했고 이날 헤어진 이후 먼저 연락하지 않았습니다. 제가 문자해도 네 시간 정도는 지나서 답 문자가 왔어요. 며칠이 지난 후에는 밤에 전화해도 받지 않더군요. 그래서 제가 카톡으로 물어봤습니다.

여자 : 너 그날 이후로 무슨 일 있니? 마음이 변한 거야?
남자 : 아니, 그냥 누나는 보면 볼수록 친누나처럼 느껴져서 그래. 편해서 그런다 아이가.
여자 : 내가 여자로 안 느껴진다는 말이야?
남자 : 응. 너무 편해서 친누나처럼 느껴진다.
여자 : 언제부터 그랬는데?
남자 : 진짜 처음 만났을 때는 괜찮았는데……. 누나랑 정말 잘해볼라고 부산까지 갔다 왔는데 너무 편하기만 하더라.
여자 : 그날 내가 좀 안 예쁘긴 했지……. 근데 난 니가 나 좋아하는 줄 알았어.
남자 : 나도 누나랑 잘해볼라고 계속 당겼는데……. 그냥 친누나 같더라.
여자 : 그럼 이제 내가 당길 차례인가?
남자 : 아니 아니다. 누나가 당기는데 계속 친누나처럼 느껴지면 내가 너무 미안하잖아.
여자 : 그래 네 성격에 기면 기고 아니면 아니겠지 ㅋㅋ 근

데 있잖아. 줄다리기할 때 상대방이 막 당기다가 갑자기 놓으면 뒤로 자빠지는 거 알지? 앞으로 다른 여자한테는 함부로 당기지 마. 확신 갖기 전에는. ㅋㅋ 내 이쁜 뒤통수 지금 뇌진탕 걸릴 판이거든.

남자 : 미안하다. 누나야.

이게 마지막이었습니다. 갑자기 불같이 제 가슴을 설레게 하더니 너무나 허무하게 끝나버렸어요. 이후 약 1년간 싱글로 열심히 일만 하면서 살고 있습니다. 그에게 다시 연락해볼까 하고도 몇 번이나 생각하긴 했는데 자신이 없습니다. 혹시라도 다시 기회가 생긴다면 이때 한 실수는 정말이지 하고 싶지 않은데요. 제 행동이나 멘트에 무슨 문제가 있는지 조언 부탁드립니다.

남자라는 동물이 그렇다. 어느 순간 그 여자가 못생겨 보일 때가 있다. 어제까지만 해도 정말 괜찮다고 생각했는데 오늘 보니까 '어제 내가 만났던 그 여자가 맞나?' 하는 생각이 드는 것이다. 우선 그 이유가 뭘까? 바로 판타지가 깨졌기 때문이다. 특히 아직 정이 들지 않은 연애 초반에 자신이 갖고 있던 판타지와 영 딴판인 그녀의 모습을 봐버렸을 때, 남자는 실망을 금치 못한다. 이 사연은 남자가 여자에게 갑자기 실망해서 떠나간 대표적인 사례를 보여주고 있다. 그리고 지금 당신은 자신이 뭘 잘못했는지를 다 인지하고 있다. 나이가 서른 살이나 된 만큼 쌓인 경험이 많기 때문일 거라고 짐작해본다. 당신은 이미 답을 알고 있다. 따뜻하게 입고 오라고 정말 따뜻하게만 입고 나간 것부터가 문제다. 여자들의 이해를 돕기 위해 예시를 한 번 들어보자. 여자의 생일이나 기념일에 남자 친구가 이렇게 물었다.

남자 : "이번 기념일에 뭐 갖고 싶어?"

여자 : "아니야. 나는 오빠만 있으면 되는데……."

그런데 기념일이 되었는데 정말 남자 친구가 아무것도 해주지 않으면 기분이 어떻겠는가? 아무리 그래도 어떻게 아무것도 안 해줄 수 있느냐고 생각할 것이 아닌가? 정말 센스 없는 남자 친구라고 생각할 것이 뻔하다. 지금 당신의 행동이 이 센스 없는 남자 친구와 별 다를 바가 없다는 것이다. 이 사연의 주인공뿐 아니라 모든 여자에게 간곡하게 부탁하고 싶다. 남자 친구를 사귄 이후 맨 처음 두 사람이 야외로 놀러 갈 때, 옷차림에 특별히 신경을 써라. 둘이 1박 2일로 펜션에 놀러 가는 상황이라고 하더라도 청바지에 후줄근한 후드티를 입고 가면 안 된다. 무조건 하늘하늘하고 여성스러운 원피스에 구두를 신고 가야 한다는 말이다. 만약 트레이닝복을 입더라도 몸에 확 달라붙고 각지 나는 것으로 입어줘야 한다.

그 외 남자가 회나 조개 구이를 먹자고 했는데 국밥을 먹자고 한 일은 어떤

가? 사실 이것도 실수이긴 하지만 만약 당신이 예쁘게 꾸미고 갔더라면 오히려 플러스 요인이 되었을 수도 있다. 오히려 남자의 주머니 사정을 생각해주는 속 깊은 여자라고 생각할 수도 있는 것이다. 원나잇을 해봤느냐고 남자에게 질문한 것도 마찬가지이다. 애초에 꾸미고 나가지 못한 것이 도미노 현상을 일으켜 점점 안 좋은 상황에 빠져버린 것이다.

당신도 짐작하다시피 남자가 여자에게 마음이 떠났을 때 취하는 행동 패턴은 다음과 같이 전개된다.

말수가 적어진다(궁금한 것이 없어지니 할 말이 생각나지 않는다). ⇨ 돈 쓰는 것을 아까워한다. ⇨ 먼저 연락하지 않는다. ⇨ (문자, 카톡, 전화, 메일에 대한) 피드백이 느려진다.

그러니 이미 떠난 버스를 붙잡으려고 하지 마라. 이런 사태를 미연에 방지하기 위해서 내가 누누이 강조하는 것이 있는데 사귀기 시작한 남자와 처음 두

세 달 안에는 주말에 딱 한 번만 만나라는 것이다. 그리고 절대 너무 편하게 대하지 말라는 것이다. 이 두 가지 원칙만 지켜도 적어도 하루 만에 갑자기 마음이 식는 일은 벌어지지 않는다.

의뢰인 #12
좋아하지도 않는 여자를 왜 여섯 달이나 만나죠?

▶ 나

나이와 성별 : 30살, 여자
직업이나 학력, 재력 : 재즈댄스 강사
외모 : 키는 165cm, 체중은 50kg, 탁월한 미인이라는 말을 듣지는 못했지만 얼굴이 작고 희고 예쁜 편입니다. 아무래도 몸을 드러내고 운동을 지도하는 사람이라서 화장이나 패션에 신경을 쓰는 편입니다.
연애 경험 : 중학교 때부터 연애를 시작해서 열 번 넘게 사귀어봤는데 그중 세 번은 진지했어요. 과분하게 분에 넘치는 사랑도 받아봤고 안타까운 사랑도 해봤습니다.
연애관 : 내성적이고 소극적이라서 먼저 대시해본 적은 없고, 먼저 다가오는 남자와 사귀게 되는 경우가 대부분이었습니다.

▶ 상대

나이와 성별 : 35살, 남자
직업이나 학력, 재력 : 대기업 사원
외모 : 얼굴은 평범한 편이고 키는 178cm.
연애 경험 : 잘 모르겠습니다.
연애관 : 남고, 공대를 나왔고 현재 다니고 있는 회사에도 여직원이 그다지 많지 않아 여자에 대한 환상이 있는 것 같아요.

사건의 전말

소개팅으로 만난 그 사람은 항상 깔끔한 슈트를 입고 세련된 매너를 발휘하던 사람이었습니다. 소개팅의 정석대로 그는 첫 만남 후 이틀 뒤인 월요일에 애프터 신청을 했고 우리는 다시 만나 고급 레스토랑에서 식사를 하며 서로에 대해 알아갔습니다. 그날 이후 날마다 통화를 했고 일주일에 한 번 이상은 꾸준히 만났던 것 같아요. 하지만 전에 사귀었던 남자들처럼 열정적으로 다가오지는 않았습니다. 저와 사귀기로 한 이후에 그는 항상 일이 먼저였습니다. 일주일에 한 번, 혹은 이 주일에 한 번 꾸준히 만나긴 했지만 딱 거기까지였어요. 그리고 시간이 가면서 주말에도 만날 수 없는 날이 많아졌습니다. 회사 업무에 너무 지쳐서 주말에 잠만 자는 그에게 저라는 존재는 항상 '기다려주는 여자'였습니다.

그렇게 여섯 달이 지난 어느 날, 그가 정말 저를 좋아하지 않는다는 걸 느끼게 되는 사건이 있었어요. 그날은 데이트를 끝내고 그가 저를 집에까지 데려다줬습니다. 그런데 집 앞 주차장에서 저희 형부와 딱 맞닥뜨린 겁니다. 그의 반응은 정말이지 충격이었습니다. 그는 저를 내려주고 나서 후다닥 후진하더니 자리를 피해버리더군요. 나중에 이유를 물어보니 이렇게 답했습니다.

"그냥 몰래 만나다가 아버지한테 들킨 느낌이라서 경황이 없었어."

이때만 해도 저는 그를 이해하려고 노력했습니다. 아직은 결혼이 부담스러워서 그럴 수도 있으니 그에게 더 이상 압력을 넣으려고 하면 안 되겠다 싶었습니다. 그런데 얼마 후 또 다른 사건이 터졌습니다. 그가 지방에 일이 있어 갔다 오는 저를 데리러 오겠다고 약속해놓고서는 깜박 잊어버린 것입니다. 아무리 일이 너무 바쁘고 피곤하다고 해도 어떻게 그런 약속을 잊어버릴 수가 있는지 저는 여태까지 쌓여있던 섭섭함이 폭발했습니다.

여자 : "힘들어?"
남자 : "어, 힘드네."
여자 : "힘든 게 아니라 그냥 마음이 변한 거 아니야?"
남자 : "아니야, 그건 아니야. 그냥 상황이 힘들어······."
여자 : "그냥 솔직하게 말해봐. 마음이 식은 거잖아."
남자 : "아니, 그냥 좀······."

이렇게 한참 얼버무리더니 그가 이렇게 말했습니다.

남자 : "우리 한 달 정도만 떨어져 있어보자."

여자 : "왜?"

남자 : "내가 지금 회사 일만으로도 너무 바쁘고 힘들고 너한테 잘해주지도 못해서 너무너무 미안해서……. 그래서 마음이 불편하다."

여자 : "나한테 미안한 마음이 더 커, 아니면 오빠 마음이 불편한 게 더 커?"

남자 : "솔직히 내 마음이 불편한 게 더 크다……."

여자 : "오빠 지금 헤어지자는 말을 돌려서 하는 거잖아. 어떻게 오빠가 나한테 이럴 수 있어? 내가 오빠한테 얼마나 노력했는데……."

이날 이후 우리는 서로 연락하지 않았습니다. 제가 궁금한 건 두 가지입니다. 이 남자가 과연 저를 좋아하기는 한 걸까요? 정말로 회사 일이 힘들면 좋아해도 여자 친구한테 이럴 수 있는 건지 궁금합니다. 그리고 두 번째, 제가 만약 그렇게 다그치지 않았더라면 우리가 헤어지지 않고 결혼까지 이어질 수 있었을까요? 그냥 이 사람이 저를 많이 좋아하지 않은 거라고 결론짓고 끝내기에는 우리 사이가 깊었다는 생각이 들어서요. 솔직한 답변 부탁드립니다.

최정의 연애 CSI

30대 여자들을 상담하다 보면 꼭 한 번씩 듣게 되는 상담 내용이다. 여자 나이가 서른 살이 넘어가면 그 이전과는 좀 달라지는 것들이 있다. '삘'이 꽂히지 않아도, 혹은 나에게 적극적으로 대시하는 남자가 아니더라도 그가 번듯하고 여러모로 조건이 나쁘지 않으면 일단 만나보는 것이다. 이 사연은 애초에 그런 마음가짐을 갖고 연애를 시작했다가 시간이 지날수록 여자가 남자에게 점점 빠져들면서 장렬히 전사하는 과정을 잘 보여준다.

자, 하나하나 짚어 나가보자. 무엇이 잘못되었을까?

먼저 사연을 보낸 당신이라는 여자의 마인드부터 검검해보자. 당신은 20대와는 다른 마인드로 그 남자와 연애를 시작했다. 그런데 과연 상대방 남자의 마인드는 생각이나 하고 있는가? 30대 남자도 20대 때와는 마인드가 다르다. 20대 때는 좋아하는 여자에게 모든 것을 다 바치고 적극적으로 나서지만 30대가 넘어가면서 그때처럼 열정을 다하는 경우는 드물어진다. 그런데 당신은 자신의 마인드는 바뀌었으면서 남자에게는 여전히 20대 때와 같은 열정으로 대해주기를 바라고 있다. 20대 때 연애를 좀 했다고 하는 여자들은 남자로부터 극진한 대접을 받아본 경험이 있기 때문에 그것이 머릿속에 기준으로 박혀 있는 것이 가장 큰 문제점이다.

"저 남자가 나를 진심으로 좋아한다면 이러이러하게 행동할 거야."

이런 마음이 박혀 있는 것이다. 쉽게 비유하자면 몸은 성장했는데, 마음은 아직도 어린아이 상태에 머물러 있다고 말할 수 있다.

이번 사연에서 당신이 주목하고 있는 포인트도 바로 그 지점에서 생각할 수 있다. 그 남자가 처음부터 당신에게 푹 빠져서 연애에 온몸을 바치지 않았기 때문에 당신은 이미 마음속으로 이렇게 생각하고 있다.

'이 남자가 과연 나를 좋아하기는 하는 걸까?'

만약 그가 20대였다면 당신이 그렇게 생각하는 게 정상이다. 하지만 그의 나이를 감안해야 한다. 여자 친구가 생기면 모든 것을 다 바치는 시기는 이미 지나갔다. 어떻게 열정을 다 바치지 않는다고 해서 그가 당신을 좋아하지 않는다고 생각할 수가 있나? 그도 분명 당신이 좋아서 사귄 것이다. 자기 눈에 당신이라는 여자가 나쁘지 않으니까, 사귀어볼 만하니까, 어디 내놓아도 괜찮으니까 만난 것이다. 문제는 당신의 연애 전략이다. 자, 그렇다면 이 상황에서 어떤 전략을 써야 했을까? 이 경우에는 '좋은 여자 코스프레'를 확실하게 했어야 했다. 왜? 30대 남자들은 결국 신사임당을 찾게 되어 있다.

나한테 잘해주는 여자.
나를 이해해주는 여자.
나에게 맞추어줄 줄 아는 여자.
나답게 연애할 수 있게 만들어주는 여자.

무슨 말인 줄 알겠는가? 그런데 당신은 그런 여자가 되어주지 못했다. 그걸 어떻게 아느냐고? 남자가 떨어져 있어보자고 하면서 '마음이 불편하다'고 표현을 했기 때문이다. 만약 당신이 그 남자를 정말 놓치기 싫다면 그에게 '나만 한 여자가 없다'는 콘셉트로 다가갔어야 했다. 그가 회사 일이 바쁘고 힘들다고 한 것은 진심이었을 것이다. 남자 나이가 서른다섯 살이면 이제 회사에서 업무의 중심축 역할을 담당하게 되기 때문에 그만큼 업무량과 책임감도 막중해진다. 그 상황을 당신이 간과하지 말아야 한다. 그가 바쁘고 힘들다고 토로할 때의 속마음은 바로 이것이다.

'네가 먼저 나를 좀 안아줘. 네가 나 좀 보살펴주면 안 되겠니?'

그런데 당신 입장에서는 만난 지 얼마 되지도 않은 남자가 이렇게 나오니 섭섭한 감정이 앞섰던 것이다.

"잡아놓은 물고기라고 밥 안 주면 안 되잖아요!"

여자 입장에서 이런 식의 서운한 마음이 드는 것도 이해는 된다. 하지만 남자 입장에서 좀 편하게 만나려고 했던 것을 참지 못하고 닦달을 해댄 것은 분명 당신의 판단 미스다. 당신은 사랑을 갈구하기만 했지 확실히 그의 마음을 잡아두려는 노력을 했다고 말할 수 있는가? 바로 그 점을 다시 생각해보기를 바란다. 아울러 30대 중반 이상의 남자와 사귀고 있는 모든 여자에게 부탁하고 싶다. 제발 20대 때처럼 남자가 해주기를 바라지 마라. 특히 그 남자와 결혼까지 생각하고 있다면 '편한 여자', '언제나 지지해주는 동반자' 콘셉트로 접근하기를 바란다.

의뢰인 #13

헌신적이던 남친이 갑자기 이별을 통보한 이유는?

⏩ 나

나이와 성별: 26살, 여자
직업이나 학력, 재력: 컴퓨터 프로그래머
외모: 소녀시대 수영 닮았다는 얘기, 몸매 좋다는 얘기를 종종 듣습니다.
연애 경험: 대학 입학 이후 여덟 번 정도. 그중 1년 넘게 사귄 경우는 한 번이었고 나머지는 평균 석 달 정도로 짧게 사귄 경우가 대부분입니다.
연애관: 항상 남자 쪽에서 적극적으로 대시해서 사귀었습니다. 외모는 중요하지 않고 착하고 능력 있는 남자가 좋습니다.

⏪ 상대

나이와 성별: 31살, 남자
직업이나 학력, 재력: 컴퓨터 프로그래머
외모: 키 185cm에 마른 체형, 얼굴은 개리를 약간 닮았는데 그보다는 훨씬 남성스럽습니다.
연애 경험: 잘 모르지만 24살부터 사귄 여친이 있었는데 7년 동안 헤어지고 만나기를 반복했다고 합니다.
연애관: 남자 유형으로 분류하자면 마초남에 가깝습니다.

저는 그와 사귀는 동안 참 행복했습니다. 그 사람은 밥값도 항상 본인이 내고, 미리 영화표, 공연 티켓 다 끊어놓고 어디 여행을 갈 때도 철저하게 준비하고 예약까지 다 해놓는 스타일이었어요. 가끔 제가 너무 미안해져서 밥값이라도 내려고 하면 화를 내면서까지 말렸습니다. 그래서 "아이참, 내가 한 번만 낼게" 하면서 어쩌다가 겨우 내곤 했어요.

처음에 사귀게 된 과정도 로맨틱했습니다. 같은 회사 다른 부서에서 일하는 그는 오다가다 얼굴만 알고 지낸 사이였는데 어느 날, 제 책상 위에 쪽지를 올려두었습니다. 낯간지럽지만 거기에는 첫눈에 반했다고, 밥 한번 사고 싶다고 적혀 있었어요. 그리고 얼마 뒤 회사 근처에서 제가 나오기를 기다리고 있는 그를 발견하게 되었습니다. 당시 저는 다른 남자 친구를 사귀고 있었지만 이렇게 남자답게 적극적으로 대시하는 그에게 마음이 이끌렸습니다. 얼마 안 가 저는 사귀던 남자 친구에게 솔직하게 말하고 헤어졌습니다. 그리고 그와 연인이 되었습니다. 그는 리액션이 굉장히 좋은 사람이었어요. 제가 책 보는 걸 좋아한다고 말하면 "난 너를 존경한다"고 말했고, 제가 뭔가가 좋다거나 싫다거나 하고 의사 표현을 하면 "내 생각이랑 똑같아!" 하면서 항상 동조해줬어요. 제 생일날 집 앞에 풍선을 가득 담은 차를 몰고 나타나 깜짝 이벤트를 해줬던 적도 있습니다. 우리는 그렇게 아름답게 사귄 지 아직 1년이 채 되지 않았습니다. 그런데 이번에 단둘이 여행을 다녀와서는 너무나 당황스럽게도 이별을 통보받았습니다. 늘 그랬던 대로 그가 나서서 모든 것을 준비한다고 했어요. 저희 부서가 일이 많아서 요즘 날마다 야근을 했기 때문에 저는 별 생각 없이 그냥 그가 알아서 하겠거니 하고 생각했어요. 주말에 1박 2일 여행을 가기로 했는데 제가 금요일에 새벽 3시까지 회사에서 밤샘 작업을 하는 바람에 여행 가기로 한 당일 날 일정보다 몇 시간 늦었습니다. 그것 때문인지 출발할 때부터 왠지 분위기가 안 좋더라구요. 그런데 저는 일주일 동안 야근을 해서 피로가 쌓였는지 너무 졸려서 운전하는 그 옆에서 그냥 잠을 자버렸습니다.

그날 우리는 대판 싸웠습니다. 한 번도 그런 적이 없었는데 본인의 전 여자 친구 이야기까지 꺼내면서 저를 비교하며 비판하더라고요. 너처럼 이렇게 받아먹기만 하고 누리기만 하려는 여자는 질린다고 화를 내더라고요. 그가 저에게 많이 베푼 건 사실이지만 저는 그 말을 들으니 억울했습니다. 그 사람이 저를 사랑해준 만큼 저도 나름대로 노력했거든요. 주말에 그 사람 집에 가서 청소해주고 빨래해주고, 셔츠 다림질해주고, 반찬도 갖다 주고……. 하지만 저는 그렇게 해놓고서 그 사람처럼 생색내는 말을 하지는 않았거든요. 암튼 여행에서 돌아온 일요일 저녁에 저는 이별을 통보받았습니다. 그날 이후 전화를 열 번 이상 했지만 그는 받지 않았고 카톡에서도 사라졌습니다. 그 사람을 잡고 싶은 마음이 아직 남아 있는데 도대체 어떻게 해야 할지 모르겠습니다. 좀 알려주세요.

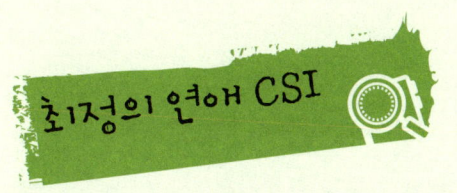

이 사연을 보면서 여자들이 지나치지 말아야 할 사실이 하나 있는데 그것은 바로 이 남자가 한 여자와 7년이라는 긴 시간 동안 연애를 했다는 것이다. 이것이 무슨 의미일까? 바로 여자에게 헌신이라는 헌신은 다 받아보았다는 것을 뜻한다. 그리고 당신이 판단하기에 남자가 마초남에 가깝다고 했다. 남자답고 여자를 리드하고 모든 것을 다 해주는 마초남 말이다. 그런데 그런 마초남의 단점이 무엇인가? 모든 것을 자신이 책임지고 다 해주는 만큼 남자로서 여자보다 우위에 있다고 생각한다는 것이다. 또 자신이 다 해준 만큼 대접받으려는 성향이 강하다는 것이다. 1년 동안 그 남자는 당신에게 모든 것을 다 해주었다. 데이트를 준비하는 것도 그의 몫이었고 비용도 거의 그가 부담했다. 그렇게 오랫동안 당신에게 충성을 다했는데 처음으로 단둘이 여행을 가는 순간 일이 터진 것이다. 물론 그날 당신이 늦게 오고 차 안에서 혼자 잠들어버리자 남자가 실망한 것은 사실일 것이다. 하지만 그 남자는 도대체 왜 그렇게까지 화를 냈을까? 무엇 때문에 카톡에서 당신을 차단하기까지 했을까?

  사연에는 적혀 있지 않지만 아마도 당신은 일주일 동안이나 야근을 했다는 것을 남자에게 미리 이야기했을 것이다. 게다가 같은 회사를 다니고 있는데 당신이 힘들게 일하고 있다는 것을 남자가 몰랐을까? 그 남자는 아마도 충분히 알고 있었을 것이다. 그런데 과연 그 남자는 피곤하지 않았을까? 운전을 하는 사람들은 다들 이해할 것이다. 같이 피곤한데 자신이 운전을 하는 동안 아무 거리낌 없이 조수석에 앉아서 연인이 잠만 잔다면 어떤 기분이 드는지 말이다. 예전 나의 경험담을 하나 이야기해본다. 몇 년 전 여자 친구와 사귄 지 얼마 되지 않아 주말에 1박 2일로 여행을 떠났다. 그런데 직장 생활을 하는 여자 친구의 얼굴이 굉장히 피곤해 보였다.

    최정 : "너 피곤하면 이번에는 쉬고 그냥 다음에 놀러 갈까?"
    여자 : "아니에요~ 오빠랑 같이 놀러 가고 싶어요."
    최정 : "피곤하면 차에서 자."

여자 : "아니에요~ 오빠도 피곤해 보이는데, 졸음운전 못 하게 내가 옆에서 웃겨줘야지."

그리고 그 여자가 가방에서 주섬주섬 귤, 초콜릿, 과자, 사탕 같은 것을 차례로 꺼내서 내 입에 넣어주면서 이런저런 이야기를 두 시간 동안 해주었다. 그렇게 펜션에 도착해서 짐을 풀고 한 시간 정도 뒤에 내가 씻고 나오니까 그녀는 소파에 누워서 자고 있었다. 그 모습을 보고 여기까지 와서 자고 있으면 어떡하냐고 어떻게 화를 낼 수 있었겠는가? 고맙고 안쓰러워서 깨울 수조차 없었다. 그래서 그날 나는 이불 가져와서 살짝 덮어주고 나도 잠깐 눈을 붙였다. 그렇게 네 시간 정도가 흘렀고 밥 먹자고 깨웠더니 자기가 밥 해주려고 했는데 왜 안 깨웠느냐고 말하는데 어떻게 예쁘게 보이지 않을 수 있었겠는가?

왜 이런 이야기를 하는 줄 알겠는가? 마초남의 마음이 바로 이와 같다는 것이다. 그는 예전에 여자 친구로부터 이와 같이 헌신적인 사랑을 받아본 경험이 있다. 한 번 이런 사랑을 경험하고 나면 상대 여자가 아무리 예뻐도 비교가 된다. 그러니 남자가 아무리 잘해줘도 속으로는 다른 생각을 하고 있지는 않은지 평소에 물어봐야 한다. 불만이 알게 모르게 쌓이면 한꺼번에 터질 수도 있기 때문이다.

"혹시 내가 이런 것은 좀 해주었으면 좋겠다고 생각하는 거 있어?"
"나의 이런 점은 좀 바꾸었으면 좋겠다고 생각하는 거는?"
"자기가 보기에 나의 여러 가지 특징 중에 제일 마음에 걸리는 거는 뭐야?"

바로 이런 질문들을 하라는 말이다. 이때 남자가 뭔가를 이야기하면 당신이 조금이라도 바꾸려고 노력하는 모습을 보이면 된다. 그래야 불만을 속으로 삭이는 일이 일어나지 않는다.

의뢰인 #14
그와 저는 과연 무슨 사이였을까요?

▶ 나

나이와 성별 : 22살, 여자
직업이나 학력, 재력 : 대학생
외모 : 상위 10% 안에는 든다고 생각해요.
연애 경험 : 두 번
연애관 : 어장관리하는 남자 싫어합니다. 좋으면 좋고, 싫으면 싫은 확실한 성격이라 우유부단한 남자는 질색입니다. 확실한 자기 일이 있고 타인을 배려할 줄 아는 남자가 이상형입니다.

◀ 상대

나이와 성별 : 39살, 남자
직업이나 학력, 재력 : 학원강사
외모 : 키가 크거나 잘생긴 외모는 아닙니다. 얼굴이 가무잡잡하고 약간 못생긴 비(연예인)라고 보시면 돼요.
연애 경험 : 꽤 있을 것 같은데 잘 모르겠습니다.
연애관 : 이것도 잘 모르겠습니다.

도대체 그 선생님의 속마음이 너무나 궁금해서 이렇게 제 사연 말씀드려요. 제가 지금 대학교 2학년이니까 이야기는 3년 전으로 거슬러 올라갑니다. 그분은 제가 고 3 때 논술학원 강사였습니다. 그분은 정말 열정적으로 강의하는 스타일이셨어요. 사실 외모가 잘생겼다거나 제 타입이다거나 그런 건 아니었어요. 그냥 그분 강의를 꾸준히 듣다 보니 점점 좋아졌다고나 할까요. 다른 선생님들과 달리 아주 적극적이셨고 진심으로 학생들을 위한다는 마음이 느껴졌습니다. 질문이 있으면 언제든 연락하라고 칠판에 휴대폰 번호까지 적어주시는 선생님은 별로 없거든요. 그렇다고 선생님 이상의 감정을 느꼈던 건 아닌데, 어느 날 수업이 끝나고 지하철에서 우연히 선생님을 만난 게 계기가 되었습니다. 저는 저희 집과는 반대 방향인데 선생님을 무조건 따라갔습니다. 어디 가느냐고 물어보시기에 친구와 약속이 있다고 거짓말을 했습니다. 그런데 몇 시냐고 물어보시는 거예요. 그래서 한 세 시간 뒤라고 이야기했더니 그럼 선생님 내리는 역에서 커피 한잔하고 가라고 하시더라고요. 저는 티는 안 냈지만 속으로 기뻤습니다. 선생님과 단둘이 앉아 차를 마시면서 평소에 궁금한 것도 맘껏 물어보고 좋은 이야기도 많이 들을 수 있을 것 같았으니까요. 그런데 그 시간은 예상보다 훨씬 좋았습니다. 세 시간이 마치 3초처럼 느껴질 정도였으니까요.

선생님은 약속 시간 다 되지 않았느냐고 물으셨고 저는 약속이 취소되었다고 또다시 거짓말을 했습니다. 그러니까 선생님이 "아, 그래? 그럼 같이 밥 먹을까?" 하시는 거예요. 저는 속으로 쾌재를 불렀습니다. 그리고 그날 저와 선생님은 저녁을 먹으면서 가볍게 술도 한잔하고(선생님만) 헤어졌어요. 저는 그날 이후 선생님이 정말이지 많이 좋아져서 공부도 열심히 했어요. 그리고 그날 이후 수능을 보기 전까지 약 석 달 동안 수업이 끝나면 곧잘 선생님과 함께 차도 마시고 밥도 먹고 문자도 주고받는 사이가 됐습니다.

"오늘 수업은 어땠니?"

"공부는 잘 되니?"

"어. 나는 지금 혼자 술 마시고 있어."

이런 일상적인 대화를 선생님과 나눌 수 있게 되어서 저는 무척 기뻤습니다. 그렇게 시간이 흘렀고 드디어 수능이 끝난 어느 날, 선생님이 저에게 전화를 하셨어요.

"○○야, 뭐 하니? 시험도 끝났는데 나와라. 선생님이 고

생했다는 의미로 술 한잔 살게."

그날 저는 기분이 너무 좋았습니다. 늘 같이 밥만 먹었는데 이제 함께 술을 마실 수 있는 나이가 된 것 같아 뿌듯했어요. 그래서 그날 전 일부러 차를 놓칠 때까지 술을 마셨습니다. 그때가 새벽 2시였어요.

"걱정하지 말고 우리 집에 가서 내 침대에서 자. 지금 택시 타고 들어가기에는 너무 위험하다. 다른 생각은 하지 말고."

선생님은 이렇게 말씀하셨어요. 저는 좀 고민을 하긴 했지만 호기심이 두려움을 이기고 말았습니다. 그날 저는 선생님의 침실에서 잠을 잤고 선생님은 거실 소파에서 잤습니다. 제가 자꾸 그냥 소파에서 자겠다고 고집을 피우자 선생님이 저를 번쩍 안아서 침대로 눕혔어요. 그 순간 긴장감과 어색함이 흘렀지만 그날 별일은 없었습니다. 말 그대로 잠만 자고 다음 날 아침 선생님과 함께 해장하고 집으로 돌아왔어요. 그 후 제가 대학에 입학하고 나서도 드문드문 선생님과 만나서 밥도 먹고 술도 먹고 친하게 지냈습니다. 그러다가 한번은 그때처럼 새벽까지 술을 먹고 또 선생님 집에 가서 잔 적이 있습니다. 그런데 그날도 정말 잠만 잤어요. 대학 1학년 내내 선생님과 이런 식으로 만났어요. 분명 사귀는 사이는 아니었지만 마치 사귀는 것처럼 데이트하는 사이 말입니다. 그런데 1학년 겨울쯤 선생님은 학원 강사를 그만두시고 사업을 시작하셨다고 했어요. 겨울이 다 끝나가는 그다음 해 3월쯤 전화도 하고 문자도 보내봤지만 답변을 주시지 않더라고요.

"선생님, 저 아르바이트해서 용돈 생겼는데 저녁 사드릴 게요."

"요즘 너무 바빠서 정신이 없네. 내가 다음에 다시 전화 할게."

그것이 마지막이었습니다. 그 이후로 통 연락을 안 하시네요. 저는 정말 궁금합니다. 선생님의 행동을 보면 저를 좋아한 게 아니었을까요? 만약에 제가 좀 더 적극적으로 나갔더라면 선생님과 제가 연인이 될 수 있었을까요? 하루에도 수십 번씩 전화해서 솔직하게 좋아한다고 고백해볼까 생각했지만 오히려 더 어색해질까 봐 용기를 못 내고 있어요. 30대 후반 남자의 심리를 정말 알고 싶습니다.

최정의 연애 CSI

이번 사연을 통해서 여자들에게 한 가지 분명히 가르쳐주고 싶은 것이 있다. 바로 남자는 사회적 동물이라는 것이다. 가진 게 많을수록, 사회적 지위가 높을수록, 자신의 명예를 소중히 여기는 사람일수록 남들에게 자신이 어떻게 비쳐질지를 신경 쓴다는 말이다. 왜 이런 이야기를 하는 줄 아는가? 이 사연 속 남자의 심정이 바로 그렇기 때문이다. 만약 당신이 그 남자를 선생님으로 만나지 않고 클럽에서 만났다거나 지인을 통해 만났다면 벌써 무슨 일이든 일어났다. 정황상 그 선생님도 당신에게 관심이 있었던 게 분명해 보이기 때문이다. 하지만 그 남자의 머릿속에서 자꾸 어떤 생각이 떠올랐던 것일까? 어차피 당신과 나이 차이가 많이 나니까 결혼까지 이어지기는 쉽지 않은 일이라 판단한 것이다. 그렇다고 당장 당신이 마음에 드니 사귄다고 치자. 그런데 그러고 나서 만약 헤어지게 되면 누가 욕을 먹을까? 속된 말로 '어린애를 갖고 놀다 버렸다'고 비난받기 십상이다. 그런 소문이라도 나고 홈페이지에 그런 비난의 글이라도 올라오면 그 선생님은 학원 바닥에서 쓰레기 취급을 받으며 퇴출될 수도 있다. 단지 사귀었다가 헤어졌다고 해도 이 상황에서는 남자가 욕을 얻어먹게 되어 있다. 당신이라는 여자가 아무리 마음에 든다고 해도 자신의 위치가 있는데 쉽사리 접근할 수가 있었겠는가?

그러니 이런 경우에는 여자가 먼저 다가서야 한다. 왜? 이런 상황에서는 어차피 남자가 먼저 사귀자는 말을 못 한다. 당신이 그 선생님을 정말 남자 친구로 만들겠다고 마음먹었다면 감정 표현을 확실하게 해야 한다. 여우처럼 유혹하지 못하겠다면 솔직하게 마음을 털어놓는 방법을 택해도 괜찮다.

'남자가 만약 여자를 정말 좋아한다면 고백하게 되어 있다.'

이런 법칙은 이 경우에는 해당되지 않는다.

"먼저 고백하는 것은 여자로서 너무 자존심 상하는 일 아닌가요?"

당신이 지금 이런 질문을 하고 있을 때가 아니라는 말이다. 당신이 있는 그대로 솔직하게 이야기를 털어놓은 거라면 그 남자는 분명 당신을 좋아하고 있다. 내 말을 한 번 믿어봐라. 어떻게 유혹해야 할지 난감하다면 영화 〈반창꼬〉

에서 한효주가 맡았던 역할을 벤치마킹해보라고 권하는 바이다. 그 영화에서는 남자와 여자의 역할이 뒤바뀌어 있다. 그중에서도 두 가지 장면만 꼽아서 이야기해보자면 이렇다. 한효주는 찰거머리처럼 고수에게 달라붙는데 뒤풀이 술자리에서 왜 이렇게 따라다니느냐고 핀잔을 주는 그에게 이렇게 말한다.

"이봐요. 그쪽이 뭔가 단단히 착각하는 모양인데 내가 지금 그쪽을 '좋아서' 따라다니는 거예요."

그리고 또 하나의 장면은 이렇다. 가까스로 고수의 마음을 열어 함께 바닷가에 가게 되는데 아무 일도 없이 하룻밤을 보내고 나자 한효주는 침대에 앉아서 이렇게 말한다.

"아, 여기까지 와서 뽀뽀 한 번 못 해보고 그냥 가네."

이 말이 결정적인 계기가 되어 두 사람은 그날부로 연인 사이가 된다. 이 이야기를 왜 하는 줄 알겠는가? 아무도 모르게 은근슬쩍 하지 말고 대놓고 그 남자에게 접근하라는 말이다. 그렇게 적극적으로 나서지 않으면 더 이상 두 사람의 관계는 진전될 일이 없다.

#15 다시 저를 좋아하게 만드는 방법이 없나요?

▶ 나

나이와 성별 : 22살, 여자
직업이나 학력, 재력 : 대학생, 현재 일본 유학 중입니다.
외모 : 아주 예쁜 것도 아니고 아주 못생긴 것도 아닙니다. 옷을 잘 입으면 예쁘다는 말도 듣습니다. 키는 163cm에 몸무게는 53kg.
연애 경험 : 두 번
연애관 : 일단 사귀게 되면 적어도 여섯 달 정도는 날마다 수시로 연락하고 쉬는 날은 하루 종일 붙어 있어야 한다고 생각해요. 적극적인 성격이 아니고 내성적이고 무뚝뚝한 편이지만 좋아하는 사람한테는 애교도 잘 부립니다. 그렇다고 남자에게 많이 의존하는 여자 유형은 아니고요, 데이트 비용도 거의 동등하게 내고 혼자 있는 시간도 중요하게 생각하는 사람입니다.

◀ 상대

나이와 성별 : 22살, 남자
직업이나 학력, 재력 : 대학생, 현재 일본 유학 중입니다.
외모 : 평범한 편입니다. 키도 170cm 조금 넘는 것 같고, 얼굴도 미남형이라기보다는 어디에나 한 명쯤 있을 법하다고 할까요. 장난기가 가득하고 항상 웃는 얼굴이라 호감형이에요.
연애 경험 : 한 번 고백했다가 차인 적이 있다는 말만 들었어요.
연애관 : 여성스럽고 다정한 사람이 좋다고 말한 적 있습니다.

사건의 전말

동갑내기 대학생인 ○○ 군과는 일본에서 처음 만났습니다. 우리 둘 다 어학연수를 위해 일본에 와서 같은 어학원에서 공부하고 있었죠. 같은 반이었지만 처음 두 달 동안 우리는 눈인사 정도만 하는 사이였어요. 그런데 어느 날부터인가 이 친구가 저한테 잘해주는 겁니다. 수업 끝난 이후에도 연락하고, 쉬는 시간에도 같이 농담을 주고받으면서 깔깔거리고 자기 자취방에 초대해서 맛있는 거 해주고요. 그러면서 차츰 우리가 붙어 다니다시피 하자 같은 클래스의 친구들이 "그냥 니네 둘이 사귀어라!"면서 놀렸습니다. 하지만 막상 이 친구가 저한테 사귀자고는 안 해서 저는 최정 씨의 조언대로 질투심 작전을 폈습니다. 당시 그 친구가 잠깐 동안 한국에 나갔다 와야 하는 사정이 생겼는데 그때 제가 이렇게 말했어요.

여자: "야, 너 한국 나가 있는 동안 나 심심해서 어떡해? 아무래도 다른 사람 사귀어야겠어. 옆 클래스에 ○

○가 나한테 자꾸 연락하는데 개랑 잘해봐야겠다."

남자 : "그래? 그럼 그 친구랑 한번 만나봐."

여자 : "뭐야. 너 진심이야?"

남자 : "아니. 내가 진짜 너 좋아하니까 이렇게 말하는 거야. 만약 내가 너랑 사귀게 되면 절대 안 놔줄 거야. 그러니까 그 전에 다른 더 좋은 사람 있는지 만나보고 결정해도 돼."

여자 : "아니. 나 같으면 정말 좋아하면 물불 안 가리고 안 놓칠 거야. 너처럼 그렇게 안 할 거야."

남자 : "……너 그 말에 책임질 수 있어? 그럴 수 있다면 지금 우리 만나자."

이렇게 해서 우리는 그날부로 사귀게 되었어요. 이날 비로소 첫 키스도 했고 이후로는 계속 어디를 가든 항상 손잡고 다녔습니다. 그 친구가 한 달 정도 한국에 나갔다 오는 동안에도 서로 너무 그리워서 날마다 카톡으로 연락했고요. 근데 전 속으로는 진짜 좋아하면서도 이 친구가 금방 저에게 질리면 어떡하나 싶어서 걱정이 됐어요. 그래서 이 친구가 밤에 함께 있고 싶다고 수줍게 이야기하면 튕기면서 막 말을 했습니다.

"야, 미쳤어? 그런 말할 거면 꺼져!"

사귀는 사이였지만 함부로 제 몸을 허락하면 안 될 것 같아서 저는 계속 이런 식으로 대응했어요. 그런데 이 친구는 그게 섭섭했나 봐요. 그리고 남성스럽고 툭툭 쏘는 제 말투에도 상처를 받은 것 같습니다.

"우리가 사귈 때랑 안 사귈 때랑 변한 게 없잖아. 나는 너를 특별 대우하는데 너는 왜 나를 특별하게 대우 안 하는 건데?"

이러면서 불만을 토로하기 시작했습니다. 그때마다 저는 왜 나를 있는 그대로 받아들이지 못하느냐고, 네가 좋아하는 여성스러운 여자 만나려면 왜 나를 만나느냐고 응수했습니다(사실 속으로는 제가 그 친구를 더 좋아했으면서도 말과 행동은 그렇게 나오더라고요). 우리는 정식으로 사귀자고 이야기한 지 두 달이 채 안 되는 어느 날 밤, 이런 문제로 티격태격 싸우다가 헤어졌습니다. 그런데 집에 돌아간 그에게 제가 이런 문자를 보냈습니다.

"너, 나랑 사귀게 된 거 후회하니? 내가 네가 생각했던 사람이 아니어서 실망했어?"

그러자 곧 그가 이렇게 답장을 보냈습니다.

"그런 거 아니야. 헤어지고 싶은 것도 아니고 실망한 것도 아니야. 난 그냥 네가 노력한다고 이야기해주길 바란 거뿐이야."

그런데 이 문자를 받은 지 겨우 30분 뒤에 헤어지자는 통보 문자를 받았습니다.

"○○야, 우리 그냥 그만하자. 사귄 지 얼마 되지도 않았는데 벌써 우리가 이렇게 싸우는 거 보면 우리는 안 맞는 사람들인 것 같아. 미안하다. 지금 많이 생각해봤는데 내가 정말로 너를 많이 좋아한다면 있는 그대로의 너를 받아들일 수 있어야 하는데, 그러지는 못 할 것 같아."

저는 정말 당황스러웠습니다. 정말 좋아했지만 튕기는 여자의 모습을 보여주려고 도도하게 굴었던 건데 그 전략이 이런 결과를 낳다니요. 그래서 저는 바로 그 친구 집에 찾아가서 울면서 매달렸습니다. 솔직하게 좋아한다고 말하면서 잘해주지 못해서 미안하다고도 덧붙였어요. 또 앞으로는 저도 노력해보겠다는 말까지 했어요. 그러니까 이 친구가 하는 말이 "내가 너에 대한 확신이 없는데 그래도 괜찮겠니?"인 거예요. 저는 급한 마음에 알겠다고 이야기하고 서로 울면서 껴안고 다시 사귀기로 했습니다. 그런데 그 이후로 우리 사이에 기류가 바뀌었습니다. 그 전까지는 주도권을 제가 쥐고 있는 느낌이 강했는데 그날 이후로는 그 친구 눈치를 보느라 제가 솔직하게 말하거나 행동하지 못하겠더라고요. 그리고 무엇보다 그 친구의 행동이 변했습니다. 틈틈이 만나자고 하던 행동도 사라졌습니다. 제가 만나자고 하면 씻고 나왔는데 그날 이후에는 저 만날 때 외모에도 너무 신경을 안 쓰더라고요. 원래는 하루에 담배를 한 갑 좀 못 되게 피우던 친구인데 저랑 만나면서 하루에 한 개비

피우는 걸로 줄였거든요. 그런데 다시 줄담배를 피워댔습니다. 그런데 제가 잔소리를 하면 또 헤어지자고 이야기할까 봐 예전처럼 편하게 이야기를 못 하겠더라고요. 카톡 메시지를 보내도 즉각 즉각 답을 보내주던 친구가 하루가 지나서야 보내주고……. 분명 다른 여자 친구가 생겼다거나 저를 이용하려고 한다거나 그런 건 아닌데 저에게 단단히 실망하고 마음을 탁 놓아버린 것 같아요. 이런 경우에 애정을 다시 되살리는 특단의 방법 같은 건 없을까요? 아무래도 이대로 관계가 지속되는 것은 서로에게 좋지 않을 것 같은데요. 다시 저를 좋아하게 만드는 방법이 없을까요?

최정의 연애 CSI

보통 20대 초중반의 여자들이 보내는 상담 메일 중 80%가 이런 내용이다. 정말이지 똑같다. 마지막 멘트 "다시 저를 좋아하게 만드는 방법이 없을까요?"는 토씨 하나 틀리지 않고 똑같다. 지금 사연의 주인공뿐만 아니라 이런 상황에 빠진 모든 여자를 대상으로 조언하고 싶다. 우선 본인의 연애관부터 고쳐라.

왜 일단 사귀게 되면 초반에는 매일 수시로 연락을 하고 쉬는 날은 하루 종일 붙어 있어야 된다고 생각하는가? 그렇게 하는 게 연애의 정석이라는 듯 여기면서 자신은 남자에게 의존하는 타입이 아니라 독립적이고 똑똑한 여자라고 생각한다니, 이게 논리적으로 맞는 이야기인가? 길 가는 사람을 붙잡아놓고 한번 물어봐라. 이런 여자는 전형적인 의존형 여성이다. 왜? 남자라는 존재로 자신의 하루 일정을 채우지 않으면 안 되기 때문이다. 남자 입장에서는, 특히 몇 번 연애를 경험해본 남자 입장에서는 이만큼 피곤한 여자도 없다.

그리고 또 한 가지, '스킨십 거부＝밀당'이라는 공식은 도대체 어디서 배운 것인가? 지금 이 두 사람은 사귀기로 한 당일에 첫 키스를 했다. 그러면 남자는 무슨 생각을 하겠는가? 당연히 이 여자와 조만간 잘 수 있겠다는 기대감을 가질 게 아닌가? 그런데 그 여자는 이후로 모질게 튕겼다. 거기까지는 그렇다고 치자.

그 남자의 행동을 잘 살펴봐라. 그는 당신이라는 여자를 사귄 이후 담배도 줄였고 옷이나 스타일도 신경 쓰고 나왔고 연락도 자주 했다. 본래 자기는 그런 사람이 아니지만 여자를 위해서 노력했다는 것이다. 그런데 당신이라는 여자는 남자에게 뭐라고 했나?

"왜 있는 그대로의 나를 사랑해주지 않는 거야?"

이런 식으로 말을 하지 않았나. 그렇다면 지금 그 남자도 당신과 똑같이 하고 있는 것이다.

"나는 너를 특별 대우하는데 너는 왜 나를 특별하게 대우 안 하는 건데?"

남자가 왜 이런 말을 했는지 모르겠는가? 역으로 그 남자 입장에서 나는 당신에게 똑같은 말을 해주고 싶다.

"왜 있는 그대로의 그 남자를 사랑해주지 않는 겁니까?"

당신을 위해 노력하던 그 남자가 더 이상 노력하지 않게 된 데에는 당신의 책임이 크다. 당신도 그것을 은연중에 알고 있기 때문에 그 남자를 붙잡은 것이다. 자, 그렇다면 앞으로 어떻게 해야겠는가? 어차피 그 남자는 당신을 다시 받아들이면서 말했다.

"내가 너에 대한 확신이 없는데 그래도 괜찮겠니?"

이 말이 함축하고 있는 바를 잘 생각해야 한다. 이번에는 모든 것을 내려놓고 당신이 변해야 할 차례라는 말이다. 그렇게 하지 않으면 두 사람의 미래는 밝지 않다. 당신 주변의 친구들이나 여자들에게 이 사연을 이야기하면 대개는 그냥 헤어지라고 조언할 것이다. 왜? 남자가 이미 당신을 포기했기 때문이다. 더 이상 노력하지 않을 것이고 당신에 대한 확신이 없다고까지 심한 말을 했기 때문이다. 만약 당신의 나이가 최소한 20대 후반 정도만 되었더라면 나 역시 똑같은 조언을 했을 것이다. 하지만 그렇게 조언하기에는 당신의 나이가 어리다. 내가 보기에 이번 연애를 통해서 당신은 잃는 것보다 얻는 게 더 많다. 그러니 한번 미친 듯이 사랑해봐라. 자신의 바닥까지 가봐야 한다. 남자에게 기대는 사랑을 했던 당신 자신의 모습을 잘 들여다보고 연애 패턴을 바꾸는 계기가 되기를 바란다.

부모님이 반대하는 결혼, 포기하는 게 나을까요?

나

나이와 성별 : 31살, 여자
직업이나 학력, 재력 : 중학교 기간제 교사
외모 : 화려하게 꾸미는 스타일은 아니고 수수한 편이지만 상위권에는 든다고 생각합니다.
연애 경험 : 20대 이후 두 번.
연애관 : 한 번 사귀면 오래가는 타입입니다. 회사 생활도 묵묵히 남들 안 보는 곳에서도 소처럼 일하는 스타일인데 연애할 때도 마찬가지입니다. 한 사람을 사귀면 그 사람에게 최선을 다하자는 주의이고 손해 보더라도 사랑을 아낌없이 주는 아가페적 연애관을 갖고 있습니다. 특히 그 사람의 고민 사항은 정말 잘 들어줘요. 아버지가 술, 여자, 도박이라는 삼종 세트를 섭렵하신 분이었기 때문에 가정적인 남자를 좋아합니다. 반면 술이나 담배를 너무 즐기는 남자에 대해서는 혐오감 같은 게 있는 것 같아요.

상대

나이와 성별 : 33살, 남자
직업이나 학력, 재력 : 경찰 공무원
외모 : 매력적인 얼굴임에는 분명합니다.
연애 경험 : 여러 여자와 사귀었습니다. 한번은 자신이 친구의 여자 친구와 바람이 난 적도 있고, 여자 친구가 먼저 다른 남자 친구가 생겼다고 이별을 요구한 적도 있다고 들었습니다.
연애관 : 성격이 다혈질이고 자기중심적입니다. 예쁜 여자 싫어하는 남자는 없겠지만, 이 사람의 경우에는 특히 외모를 따집니다. 일이나 명예, 돈에 대한 욕심도 많습니다. 가장 존경하는 인물이 아버지라고 이야기할 만큼 착한 아들입니다. 그래서 부모님이 반대하는 결혼은 하지 않겠다고 몇 번 말했어요. 그 대신에 가정적이고 자기 사람이라고 생각하는 사람들한테는 엄청 잘합니다.

5년 동안 세 번 헤어지고 다시 만났다가 이번에 네 번째로 헤어진 저의 전 남자 친구 이야기를 하려고 합니다. 사실 그 세월 동안 정말 많은 일을 겪었기 때문에 이제는 헤어져도 별로 힘들지 않을 거라고 생각했는데 그렇지가 않네요. 아닌 줄 알면서도 자꾸 미련이 제 발목을 잡고 놔주지를 않습니다.

저희는 5년 전 같은 대학원에 다니면서 알게 되었습니다. 당시 저는 그 대학원의 과 사무실에서 조교로 일하고 있었어요. 저는 솔직히 처음에는 별 관심이 없었습니다. 제 공부하고 조교 업무까지 소화하면서 저녁에는 영어 회화 학원까지 다니고 있었기 때문에 눈코 뜰 새 없이 바빴습니다. 집안 형편이 힘든 상황에서 제가 빨리 자리를 잡아야 했기 때문에 남자에 신경 쓰고 싶지 않았어요. 그런데 그는 정말로 집요하게 저에게 대시했어요. 저와 친해지기 위해서는 말 그대로 수단과 방법을 가리지 않았습니다. 본인 수업 끝나고 나서도 한참 제가 끝나는 시간까지 기다렸다가 같이 걷는 일도 많았고 제가 다니는 영어 학원 앞까지 와서 수업

듣기 전에 밥만 사주고 돌아간 적도 많았습니다. 제가 담배 피우는 남자 안 만난다고 정중하게 거절하니까 그다음 날 금연초를 꺼내 보여주면서 앞으로는 금연할 거라고 말하는 식으로 저의 말 한 마디 한 마디에 촉수를 곤두세우는 남자였어요. 그렇게 한 달 반 동안 저에게 정성을 다하는 그의 모습을 보고 저도 어느새 마음을 열게 되었고 우리는 연인이 되었습니다.

처음 3년 동안 우리는 어떤 연인도 부러워할 정도로 사이가 좋았습니다. 문제는 대학 교수님인 그의 아버지가 우리의 결혼을 반대하면서 불거지기 시작했습니다. 명예와 위신을 목숨처럼 중시하시는 그의 아버지는 저희 집과 남자 친구의 집을 비교했을 때 격이 맞지 않는다며 결혼은 절대 허락할 수 없다고 하셨다고 해요. 저희 아버지는 알코올 중독자셨고 집을 나간 지 오래돼서 어디 있는지도 알 수 없는 상황이고 어머니가 온갖 일을 다하면서 저와 제 동생을 대학까지 보내셨습니다. 저는 저라는 사람이 어떤 사람인지 잘 알지도 못 하시면서 제 부모님의 직업으로 모든 것을 평가하는 그분이 싫었습니다. 그런데 중요한 것은 남자 친구의 태도였습니다. 그는 아버지의 말이 곧 법이라고 생각하는 사람이었어요. '감히' 아버지의 말씀을 거역하면서 저와 결혼하기 위해 노력할 만한 인물이 아니었어요. 그래서 우리는 그때부터 티격태격 싸웠습니다. 싸우다 보니 서로에게 상처가 될 만한 말들을 내뱉게 되고 그러다 보니 헤어졌습니다. 그런데 이미 서로에게 익숙해져 있고 3년 동안 쌓은 정이 있다 보니 헤어진 지 일주일도 못 돼서 다시 만나 울면서 화해했어요. 그런데 나중에 알고 보니 남자 친구는 저와 이미 깨끗이 헤어졌다고 부모님에게 거짓말을 했더군요. 그는 아버지의 반대를 헤쳐 나갈 용기가 없었던 거예요. 그래서 우리는 이런 문제 때문에 또 싸웠습니다. 싸우고 헤어졌다가 다시 만나는 걸 세 번 반복하고 나서 이번에 네 번째 헤어졌습니다.

여자 : "오빠, 일단 어머니라도 우리 편으로 만드는 게 좋지 않을까? 내가 어머니를 만나서 한번 설득해볼게."
남자 : "나는 네가 상처받을까 봐 그게 걱정돼서 그래."
여자 : "그럼 어떡해. 일단 우리 편을 만들어야지. 어머니께라도 오빠가 우선 말씀드려봐."
남자 : "그래……. 알았어."

저에게 이렇게 말하던 남자 친구에게 며칠 뒤 이별 통보를 받았습니다. 어머니에게 말했는데 인연을 끊자고 하셨다고 합니다. 아버지도 곧 이 사실을 알게 되셨는데 "내 눈에 흙이 들어가기 전까지는 안 된다"고 하셨다고 해요. 벌써 2년 전에 이미 헤어진 걸로 철석같이 믿고 있었는데 그동안 부모님을 속였다고 굉장히 격노하셨다고 합니다. 그의 부모님도 부모님이지만 저는 그의 태도를 보면서 또다시 실망했습니다. 계속 똑같은 이유로 헤어졌기 때문에 이 벽을 넘기가 쉽지 않겠구나 싶은 거예요. 이렇게 결혼을 반대하는 남자 친구의 부모님. 그리고 그런 부모님에게 순종적인 남자 친구. 이런 상황에서 저는 어떻게 해야 할까요? 결혼을 한다고 해서 행복하게 살 수 있을지도 잘 모르겠지만 부모님 말을 법이라고 생각하는 남자 친구를 어떻게 믿고 이 난관을 헤쳐 나가야 할지 잘 모르겠습니다. 그는 저에게 이별을 통보했지만 앞으로 또 먼저 연락을 할 것 같아요. 지금까지도 몇 번이나 그랬기 때문이에요. 만약 그가 저에게 또 연락을 하면 뭐라고 답해줘야 하나요? 헤어져야 하는지 아니면 남자 친구에게 좀 더 강하게 어필해야 하는지 누가 현실적으로 조언해주면 좋겠어요.

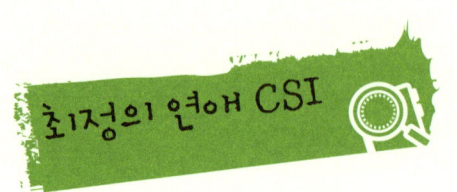
최정의 연애 CSI

현실적으로 조언을 해달라고 하니까 드라마에 나올 법한 희망 사항은 이야기하지 않겠다. 그리고 희망고문도 안 하겠다. 결혼이 되겠는가? 안 된다. 죽었다 깨어나도 안 된다. 남자에게 아버지라는 존재는 크게 두 가지 종류가 있다. 하나는 평생 내가 존경을 해야 되는 아버지, 또 다른 하나는 절대로 저렇게 살지 않겠다는 생각이 들게 만드는 아버지. 스펙트럼은 다양하겠지만 크게 이 두 가지 범주에서 벗어나지 않는다고 본다. 전자의 경우에는 아버지의 말이 곧 법이다. 아버지가 삶의 롤 모델이기 때문에 그의 말을 거역한다는 건 있을 수가 없는 일이다. 20대 초반 내가 다섯 살 연상의 여자와 결혼하겠다고 말했을 때, 내 아버지는 이렇게 말씀하셨다.

아버지 : "니 그 여자 얼마나 만났노?"

최정 : "안 지는 한 3년 됐습니다."

아버지 : "니 나이 몇 살이고?"

최정 : "이제 스물세 살입니다."

아버지 : "그래. 나는 니를 23년이나 키웠는데, 니는 겨우 3년 만난 여자 때문에 나를 배신할라카나? 니 숫자 계산 안 되나?"

최정 : "아버지 그 말씀은 맞습니다만……."

아버지 : "나는 니한테 배신하라고 가르친 적 없다. 그것도 부모 배신해라고 가르친 적은 더더욱 없다. 동네 똥개도 지 애미, 애비는 알아본다고 했다. 니 개만도 못한 새끼라는 말 듣고 싶나?"

    이 짧은 대화로 나는 그 여자를 포기해야 했다. 나 역시 당신의 남자 친구처럼 아버지를 존경했기 때문이다. 부모에게 물려받을 것이 많은 남자일수록 반대하는 결혼을 하기는 쉽지 않다. 만약 남자 친구가 반골 기질의 성향을 가졌다거나, 자기 주관이 뚜렷해서 부모가 포기했다거나 하면 대세가 달라지지만 당신의 표현대로 '착한' 아들이 아닌가! 사람은 그리 쉽게 바뀌지 않는다. 그래서 안 된다는 것이다. 그렇다면 그 남자는 왜 헤어지고 나서도 당신에게 자꾸 연락하는 것일까? 부모의 말을 거역할 용기는 없지만 당신을 좋아하는 마음은 진심이기 때문이다. 당신만큼 편안하고 자신을 잘 아는 여자가 없기 때문이다. 당신 역시 그가 진심으로 당신을 좋아한다는 걸 알기 때문에 매몰차게 거절하지 못하는 게 아닌가. 하지만 아무리 그렇다고 해도 이 남자가 결혼은 당신과 하지 않는다. 그 남자가 부모와 연을 끊지 않는 이상, 당신과 이어질 턱이 없다. 어차피 결혼은 다른 여자와 할 거면서 당신에게는 힘들 때마다 찾아와서 정말 사랑한다고 말할 것이다. 영화 〈연애, 그 참을 수 없는 가벼움〉에 나오는 김승우 같은 남자라고 보면 된다. 실제로 이런 사연을 상담해본 적도 있다. 그 사연에서도 정말 이 영화에서처럼 남자가 유부남이 된 이후에도 전 여자 친구를 만나며 두 집 살림을 하고 있었다. 당신, 그렇게 살고 싶은가? 아니지 않은가! 그렇다면 남자 친구에게 말해라.

"나 만나려면 오빠 부모님이랑 연을 끊어. 그러기 전에는 나 찾아오지 마. 나 오빠 부모님에게 그렇게 대접받을 만한 사람 아니야."

의뢰인 #17

짜증 내는 저의 성격 때문에 차인 거 맞나요?

▶️ 나

나이와 성별 : 28살, 여자
직업이나 학력, 재력 : 은행원
외모 : 평균이고 수수한 편입니다.
연애 경험 : 부끄럽지만 이번 연애가 처음입니다.
연애관 : 남자다운 남자를 좋아합니다. 함께 등산도 가고 여행도 다닐 수 있는 남자 친구를 원합니다.

◀️ 상대

나이와 성별 : 26살, 남자
직업이나 학력, 재력 : 자동차 정비사
외모 : 키가 크고 듬직합니다. 아주 잘생겼다기보다는 어른들이 좋아할 외모입니다.
연애 경험 : 잘 모르겠는데 몇 번 사귀었던 것 같아요. 상처받거나 짜증 날 법한 말을 들어도 웃고 넘기거나 참는 사람이에요. 착하고 믿음직스러워서 여자들이 좋아하는 것 같습니다.
연애관 : 잘 모르겠습니다.

사건의 전말

댄스 동호회에서 만난 ○○ 군. 그는 어리지만 저보다 더 어른스러워서 한 번도 연하남이라는 생각을 해본 적이 없어요. 우리의 석 달 인연은 동호회의 아는 오빠가 저랑 잘 어울릴 거라면서 이 친구를 데려온 때부터 시작되었습니다. 우리가 사귀게 된 건 사실 8할 정도는 그 오빠 덕분이에요. 함께 춤을 추면서도 ○○ 군과 제가 짝이 될 수 있도록 은근히 유도해줬고 분위기가 어색하지 않도록 웃음을 줬기 때문에 자연스럽게 이어질 수 있었거든요. 댄스 수업이 끝나고 가볍게 한잔하면서 우리는 정말 화기애애한 분위기에서 놀았습니다. 그 오빠는 둘이 잘해보라며 우리 둘을 부추겼고 우리는 그 분위기에서 자연스럽게 친해졌습니다. 저는 남자 친구와 사귀는 것은 처음이라 어색하기도 했지만 신기하고 얼떨떨하고 가슴이 떨렸습니다. 그런데 문제는 사귄 지 여섯 달이 넘어가면서부터 시작되었습니다. 그가 저와 한 약속을 자꾸 어겼고 그럴 때마다 저는 서운한 감정이 쌓였습니다. 예를 들어서 저랑 토요일에 영화를 보러 가자고 일주일 전부터 약속을 해놓고는 이틀 전인 목요일쯤 이렇게 말하는 거예요.

"토요일에 친구들이 같이 등산 가재."

잊어버릴 게 따로 있지 그날 분명 영화 보자고 합의 봐놓고서는 어떻게 그럴 수 있는지 너무 서운했습니다. 그래서 말이 곱게 나오지가 않더라고요.

"그래. 너는 나랑 약속한 것도 다 까먹고⋯⋯. 그렇게 산이 좋으면 가셔야지. 나는 토요일에 내 친구랑 영화 보러 갈 거니까, 넌 산이나 가라."

또 저랑 만나기로 해놓고서는 결국 약속을 어기는 경우도 있었어요. 그런데 저는 그 상황에서 남자 친구의 변명이 너무 듣기 싫었습니다. 계속 약속 장소로 올 수 있을 것처럼 말했다가 다시 안 될 것 같다고 했다가 왔다 갔다 하는 모습이 구차해 보였거든요. 약속을 지킬 수 없으면 하지 말든가, 상황이 어렵게 되어서 못 올 것 같으면 미리 양해를 구하면 되는 거 아닌가요? 그런데 계속 "어. 지금 여기 상황 좀 보고 다시 전화해줄게"라는 이야기를 반복하다가 결국에는 "여기 친척 집에 왔는데 사촌 형님이 같이 고모님 댁에 들르자고 하셔서 아무래도 오늘 저녁때는 안 될 것 같아"라고 하는 거예요. 그때가 이미 6시 반이었는데 말입니다. 저랑은 7시에 만나기로 했는데 약속 시간 30분 전에 이게 뭐 하는 짓인지⋯⋯. 저는 남자 친구를 저녁때 못 만난다는 사실 때문이 아니라 시간이 안 되면 안 된다고 미리 말하지 못하고 말을 빙빙 돌려서 상황을 더 어렵게 만드는 남자 친구의 화법 때문에 너무나 짜증이 났습니다. 그래서 남자 친구에게 엄청나게 짜증을 퍼부었습니다. 이런 일이 몇 번 반복되었기 때문에 제 짜증이 극에 달했어요. 그런데 그렇게 짜증을 낸 이후 남자 친구가 전화도 받지 않고 카톡 메시지를 보내도 답이 없더니 급기야는 (약 4일 뒤) 카스에 올려놓았던 사진(저와 둘이 찍은)을 지웠더라고요. 저는 그걸 보고 머릿속으로는 그냥 참아야 하는데 하고 생각했지만 제 손가락은 이미 메시지를 입력하고 있었습니다.

"우리 혹시 끝난 거니?"

한참이 지나도 답이 없자 저는 또다시 메시지를 보냈습니다.

"미안해. 나는 너랑 헤어지고 싶지 않아."

그래도 또 한참이 지났지만 답이 없었고 또다시 저는 메시지를 보냈습니다.

"앞으로는 짜증 안 낼게. 그러지 마."

그러자 남자 친구가 답변했습니다.

"끝내는 게 맞는 거 같다. 내 마음이 변했으니깐. 전화하지 마. 안 받을 거니까. 할 말 있음 톡으로 해."

그래도 전 남자 친구의 말이 믿기지 않아서 확인차 여러 번 메시지를 보냈어요.

확실한 거냐고, 정말로 정리된 거냐고 물었죠. 그때마다 남자 친구는 본인은 이미 확실하게 정리했다고 답하더군요. 그래서 저는 그날 마지막으로 좋은 사람이 못 돼줘서 미안하다는 말만 남기고 일단 끝냈어요.

그런데 아무래도 카톡 메시지만으로 관계를 끝내는 건 아닌 것 같아서 이틀 뒤에 제가 먼저 다시 연락했어요.

"잠깐 얘기 좀 하자."

그랬더니 그는 "지금 선배랑 술 마시는 중이야. 나중에 얘기하자"라고 답했고, 그것이 마지막이었습니다. 이틀 뒤에 몇 번, 또다시 이틀 뒤에 몇 번 카톡 메시지를 보냈지만 그는 답이 없습니다. 찬 사람이 아니라 차인 사람이 상대방에게 먼저 연락하는 건 아무 의미가 없는 짓이라는 것을 그날 알게 되었어요. 지금 생각해보면 제가 남자 친구에게 담배 피운다고 너무 여러 번 이야기한 것도 마음에 걸리고, "집에서 자꾸 결혼하래" 하는 이야기를 몇 번 하면서 부담을 준 것 같기도 해요. 그리고 결정적으로 남자 친구에게 짜증을 여러 번 냈던 것이 이별의 원인이었던 것 같은데요. 연애 전문가에게 조언을 한 번 듣고 싶습니다.

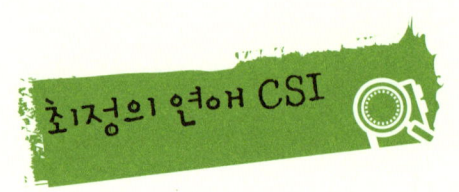

이 사연에서 무엇보다 먼저 알아야 하는 것이 있는데 그게 뭔지 알겠는가? 바로 그 남자의 성격이다. 일명 호인인 그는 좋은 사람이다. 남의 부탁을 거절하지 못할 정도로 사람들한테 참 잘한다. '좋은 사람 콤플렉스'가 있는 것이다. 그런데 문제는 무엇인가? 내 여자한테는 이해와 양보를 바란다는 것이다. 실제로 이런 남자의 경우 결혼을 해도 잘 바뀌지 않는다. 친구들이나 지인들, 가족들이 보기에는 정말 좋은 사람이지만 부인에게는 그다지 좋지가 않다. 그런데 본인도 그렇게 사는 것이 참 피곤하고 짜증 나면서도 사람들의 요구를 단칼에 거절하지 못하니 답답할 노릇이다. 도대체 어떻게 해야 할까? 이런 상황에서 당신에게 해줄 말은 이것밖에 없는 것 같다.

'그 남자를 사랑한다면 있는 그대로를 봐줘라.'

만약 헤어지지 않고 그 남자와 다시 만난다고 해도 그는 원래 자기 모습을 드러낼 것이다. 지금 시기가 여자들이 흔히 말하는 '남자의 권태기'이기 때문이다. 이 시기에는 그 남자 본연의 모습이 드러나게 마련이다. 여자에게 잘 보이기 위해 노력하지 않기 때문에 원래 그 사람의 기질이나 성격이 어떤지도 확연하게 나타나게 된다. 그런데 이때 그의 모습을 일정 부분 받아들이지 못하면 앞으로 수도 없는 문제에 부딪히게 된다. 남자는 남자대로 할 만큼 했다고 말하고 여자는 여자대로 왜 예전에 했던 것의 반도 노력하지 않느냐고 말한다. 그렇게 대치 상태가 이어지다가 결국 헤어지는 수순을 밟게 된다. 사연을 들은 주변 사람들도 헤어지라고 조언한다. 그런데 참 아이러니한 것이 무엇인 줄 아는가? 남의 사연을 들었을 때는 똑같이 헤어지라고 조언하던 여자도 자기가 정말 좋아하는 남자를 만났을 때는 막상 헤어지기가 쉽지 않다는 것이다. 이 사연의 주인공뿐 아니라 이 글을 읽는 모든 여자들에게 부탁하고 싶은 게 있다. 바로 남자 친구에게 의사 표현을 하는 방법에 대한 것이다.

'빈정거리거나 힐난하는 말투는 절대 금물이다.'

정말 이미 마음속에서 그를 떠나보내고 헤어지기로 마음먹은 상태가 아니라면 비꼬는 말투를 쓰지 마라. 이 사연에서 문제는 당신이라는 여자의 말투에서 시작되었다고 본다. 물론 심정은 이해한다. 자신보다 친구들을 더 소중히 여기는 것 같아 서운한 감정이 드는 것은 인지상정이다. 하지만 그렇다고 해서 지금 당신처럼 대놓고 상대방을 비꼬는 말투로 응수하면 그 남자는 뭐가 되겠는가? 아무리 예쁘고 섹시한 여자라도 자신에게 모멸감을 준다면 여자로 느껴지지 않는다. 이런 경우, 일단 조용히 남자가 하는 대로 내버려둬라. 그러고 나서 나중에 둘이서 조용히 차분하게 술 한잔을 하면서 조곤조곤 당신이 서운했던 부분을 이야기해야 한다. 그래야 그 남자도 당신에게 미안한 감정을 더 깊게 느끼고 개선하기 위해 노력하는 모습을 보일 것이다.

의뢰인 #18

남자들이 좋아하는 여자의 성격을 갖추려면?

▶ 나
나이와 성별 : 22살, 여자
직업이나 학력, 재력 : 대학생
외모 : 예쁘다. 어떤 자리에 나가도 남자들이 호감을 표시한다.
연애 경험 : 석 달 넘기지 못한 연애만 세 번.
연애관 : 저를 좋아하는 착한 스타일의 남자보다는 제가 좋아하는 남자를 선호합니다.

◀ 상대
나이와 성별 : 22살, 남자
직업이나 학력, 재력 : 대학생
외모 : 007 제임스 본드같이 번듯하고 훤칠하다.
연애 경험 : 현재 여자 친구가 있는데 몇 명이나 사귀었는지는 모르겠습니다.
연애관 : 아직은 잘 모르겠습니다.

사건의 전말

내가 별로인 사람은 나를 좋아하고, 내가 정말 좋아하는 사람은 나에게 관심이 없는 경우. 제 경우가 바로 딱 여기에 해당됩니다. 왜 저는 항상 이 패턴 안에서만 연애 감정이 움직일까요? 그래서 저는 지금까지도 제가 좋아하는 남자와 사귀어보지는 못 했어요. 몇 번 연애를 하긴 했지만 저 좋다고 계속 대시하는 사람과 사귀었다가 얼마 못 가 흐지부지 끝내는 경우가 있었을 뿐입니다.

이번에 제가 좋아하게 된 그 사람. 저는 그 사람을 대학생 연합 동아리에서 알게 되었습니다. '첫눈에 반한다'는 표현이 어떤 느낌인지 그 사람 덕분에 깨닫게 되었어요. 그가 무심한 듯하면서도 다정하게 사람들(저를 포함한)을 챙기는 모습을 보며 내심 더 좋아하게 되었습니다. 하지만 그는 처음부터 여자 친구가 있다는 사실을 공표했기 때문에 따로 데이트 신청을 할 수는 없었어요. 게다가 저는 누군가가 좋아도 그 마음을 잘 표현하지를 못 합니다. 사실은 이것이 가장 큰 문제예요. 그래서 항상 제가 좋아하는 사람은 제가 본인을 좋아하는지 모르는 것 같습니다. 거절당할까 봐 두려워서인지 왜 그런지 모르겠는데요. 일단 좋아하는 사람이 앞에 있으면 눈을 똑바로 쳐다보지 못하고 평소처럼 말을 잘 못 합니다. 자연스럽게 행동하지도 못 해요. 자존감이 너무 낮기 때문일까요? 그냥 누군가가 좋으면 그 사람이 좋아하는 것, 그 사람의 관심사에 온 신경이 쓰입니다. 그래서 그 사람에게 저를 맞추기 위해 온갖 노력을 다합니다. 저의 이런 행동을 어떻게 하면 바꿀 수가 있을까요? 이번에 좋아하게 된 이 사람에게 여자 친구가 있다는 것도 문제지만 더 큰 문제는 저의 장점을 이 사람에게 알리기가 힘들다는 겁니다. 원래 제 성격은 밝고 긍정적인데 그 사람은 제가 이런 사람인지 모를 거예요. 그의 눈에 저라는 사람은 항상 뭔가 불안하고 자신감이 없는 인간 유형으로 비춰질 테니까요. 처음에는 제 외모를 보고 호감을 갖던 남자도 저의 이런 면을 발견하고 나면 금방 흥미를 잃더라고요. 어떻게 하면 남자들이 매력적이라고 느낄 만한 성격을 갖출 수 있을까요?

최정의 연애 CSI

먼저 내가 직접 겪은 일화를 소개해보겠다. 몇 년 전에 한창 맞선을 보러 다닐 때였다. 토요일 점심에는 A라는 여자를 만났고 일요일 점심에는 B라는 여자를 만나는 강행군이 이어지는 주말이었다. 먼저 A라는 여자를 일식집에서 만났다. 그녀는 외적인 조건이 나쁘지 않은 편이었고 시종일관 웃는 표정에 적극적인 성격이었다. 식사가 나오기를 기다리는 시간에 그녀가 먼저 말을 꺼냈다.

여자 : "회 좋아하세요?"

최정 : "저는 좋아하는데, 혹시 못 드세요?"

여자 : "저는 정말 좋아하거든요. 그쪽도 저처럼 좋아하면 좋을 것 같아서 여쭤봤어요."

이렇게 처음부터 적극적으로 나오는 여자의 모습에 나도 모르게 얼굴에 미소가 번졌다. 그 뒤로 식사를 하는 내내 그녀는 상당히 적극적이었다. 내 앞 접시에 회도 젓가락으로 갖다 주고 마늘종도 갖다 주고, 생선살도 발라서 먹어보라고 권해주었다. 처음 만난 여자가, 그것도 맞선 자리에서 만난 여자가 이런 식으로 나오는 거 별로 좋아하지 않았는데 웃는 얼굴로 자꾸 이야기하고 권해주니까, 거절할 수가 없었다.

최정 : "초면에 실례인지 모르겠는데 혹시 술 괜찮으세요?"

여자 : "사실은 잘 못 먹는데, 주신다면 먹을게요. 나쁜 사람 같아 보이지 않으니까(웃음)."

최정 : "저 나쁜 사람 아니에요."

여자 : "나쁜 사람들이 이런 말할 때 발끈하던데……. (웃음) 농담이에요."

최정 : "하하하"

그사이 술이 나왔다. 그 여자한테 술을 따르고 그 여자가 나한테 술을 주려고 할 때 말을 했다.

여자 : "오빠라고 불러도 되죠? 같이 술 마시는 사이니까."
최정 : "당연하죠."

그러고 나서 여자가 술잔을 들면서 얼굴에 꽃이 피는 듯 미소를 띠면서 평소보다 약간 하이톤의 목소리로 "오~~빠, 드세요" 하는데 어떻게 안 넘어갈 수가 있겠는가. 그날 그렇게 세 시간 정도 식사를 했는데 마무리를 할 때쯤에 나는 바로 애프터 신청을 했다.

최정 : "혹시 다음 주에 언제 시간 되세요?"
여자 : "다음 주요~. 토요일 저녁에 되세요?"
최정 : "토요일 저녁요?"

여자 : "혹시 시간이 안 되시면 그다음 주에 보면 되죠."
최정 : "아니에요~ 제가 어떻게든 맞춰야죠. 하고 싶은 거 있으세요?"
여자 : "저 남자한테 바라는 것 없는데요.^^ 커피 한잔이라도 좋아요."
최정 : "순수하시네요. 보면 볼수록 좋은 분 같으세요."
여자 : "그쪽도 이야기를 하면 할수록 좋은 분 같으세요(웃음)."

그리고 다음 날이 왔다. 나는 또 다른 일식집에서 B라는 여자를 만났다. 그녀는 정말 예뻤다. 인상이 약간 도도해서 그렇지 전날 만난 A와 비교하면 외모가 월등히 우월한 여자였다. 어쨌든 산전수전 다 겪은 나이기에 그녀와도 무난하게 대화를 이어 나갔다. 그런데 간간이 재미있는 이야기를 할 때 미소 짓는 그녀의 얼굴을 볼 때마다 이상하게도 어제 만난 A가 자꾸 떠올랐다. 술도 시키지 않고 두 시간 정도 이야기하다가 B와 헤어진 후 나의 손가락은 A의 휴대폰 번호를 누르고 있었다. 그런데 그녀는 전화를 받자마자 이렇게 말했다.

"오~~~빠~~~!"

그 목소리가 귓가에 울리는 순간 내가 어떤 생각을 했는 줄 아는가?

'바로 이거다!'

그러고는 '이제 직진이다'는 생각밖에 들지 않았다. 내가 무슨 말을 하고 있는지 알겠는가? 얼굴 예쁘고 몸매 좋다고 해서 다 매력적인 것이 아니란 말이다. 이제는 여자가 먼저 남자에게 적극적으로 의사 표현을 해야 하는 시대가 왔다는 걸 이야기하는 것이다. 그런데 먼저 의사 표현을 한다는 것이 꼭 대놓고 "당신을 좋아합니다. 사귀고 싶어요. 당신은 이상형이에요" 같은 직설법을 구사하는 거라고 착각하는 분들이 있다. 그런 여자들은 내 조언에 항상 이렇게 항변한다.

"자존심 상하게 어떻게 여자가 먼저 고백을 해요!"

이 자리에서 다시 한 번 강조하는데, 먼저 고백을 하라는 말이 아니다. 그 남자에게 좋아하는 마음을 메타메시지로 표현하라는 말이다. 쉽게 말해 눈빛이나 몸짓, 간접적인 멘트 등을 메타메시지라고 하는데 이것을 잘 쓰는 사람일수록 연애를 잘한다.

또 지금 사연을 주신 당신이라는 여자의 경우, 이미 여자 친구가 있는 남자를 좋아하고 있다. 그런데 좀 괜찮다 싶은 남자에게는 다 여자 친구가 있다. 이것이 현실이다. 그렇다면 어떻게 해야겠는가? 어쩔 수 없이 지레 포기하면서 살아야 할까? 만약 그 남자가 결혼했다면 어쩔 수 없는 것이지만 20대 초반에 도덕과 윤리를 따질 만큼 당신의 상황이 한가로운가? 어차피 연애는 경쟁이다. 뺏고 뺏기는 싸움이란 말이다. 입장을 바꿔서 생각해봐라. 만약 당신이라는 여자가 누군가를 사귀고 있는데 지금 남자 친구보다 더 멋있고 괜찮은 남자가 대시를 한다면 그에게 흔들리지 않을 자신이 있는가? 남자는 말할 것도 없고 여자도 대부분 흔들린다. 자꾸 그 사람을 밀어내도, 정말 멋있는 남자가 대시한다면 언젠가는 무너지게 되어 있다. 왜인 줄 아는가? 그 남자가 계속 대시를 하게끔 여자가 은근히 받아주고 있기 때문이다. 이판사판이라고 생각을 해라. 어차피 당신이 지금 그 남자에게 대시하지 않으면 아무 일도 일어나지 않는다. 마음속으로 끙끙 앓고 있어도 아무 일도 일어나지 않는 건 마찬가지이다. 무엇을 선택하는 것이 올바른 길일까? 물론 대시를 해서 실패하면 당신 자존심에 상처는 받겠지만 교훈은 얻을 수 있다. 최소한 현재 내 '꼬라지'가 어떤지 알 수 있는 거 아니겠는가? 또 내가 연애를 더 배우고 더 잘하기 위한 원동력을 얻을 수 있게 된다. 하지만 속으로 끙끙 앓다가 끝나면? 아무런 사건도 일어나지 않으며 당신 마음속에 '그때 그렇게 말할걸. 그때 그렇게 행동할걸' 하는 후회밖에 남지 않는다. 자, 선택은 당신의 몫이다.

의뢰인 #19

친구로서만 좋아한다는데 어떡하죠?

⏩ 나

나이와 성별 : 30살, 남자
직업이나 학력, 재력 : 전기 기사
외모 : 180cm, 70kg, 건장한 체격에 머리는 약간 반곱슬이다. 택연 닮았다는 말을 듣곤 합니다.
연애 경험 : 소개팅은 여러 번 했지만 진지하게 사귄 사람은 한 명이고 만나긴 만났는데 흐지부지 끝난 사람은 두세 명 정도입니다.
연애관 : 제 성격에 대해서는 (고민 상담녀가) 좋게 말하면 소심, 까칠, 꼼꼼하고 나쁘게 말하면 고지식, 우유부단, 고집이 세다고 하더군요. 얘기를 듣다 보니 그런 것 같았습니다. 저는 백치미가 있으면서도 도도한 여자, 자신감이 넘치면서도 상대방을 배려할 줄 아는 여자가 좋습니다.

⏪ 상대

나이와 성별 : 29살, 여자
직업이나 학력, 재력 : 치과위생사
외모 : 168cm에 마른 체형입니다. 단발머리에 항상 타이트한 옷을 주로 입는 편입니다.
연애 경험 : 잘 모르겠는데 눈치로 봐서는 두세 번 정도?
연애관 : 스스럼없이 스킨십을 시도하고 장난도 잘 거는 걸 보면 어장관리를 하는 유일한 유형인 '활발녀' 같기도 한데요, 남자가 먼저 리드해주기를 기다리거나 우유부단한 모습을 보이는 걸 보면 그냥 '착한 도도녀' 같기도 합니다. 강한 남자를 좋아한다고 말한 적이 있습니다.

사건의 전말

그녀와 지금까지 오는 데 최정 작가님의 글이 많은 도움이 되었습니다. 저는 소개팅을 하고 나서 애프터 신청을 하면 항상 세 번째 만날 때까지는 분위기가 좋습니다. 그런데 문제는 네 번째 만날 때 분위기가 어색해진다는 것입니다. 이야깃거리도 떨어지고 농담도 더 이상 안 먹히는 것 같고, 그러다 보니 잠시 어색해지는 시간이 드문드문 생깁니다. 지금 고민 상대녀인 그녀와도 네 번째 만났을 때가 고비였던 것 같아요. 그날 그녀가 살 게 있다고 해서 같이 백화점에 가자고 제안했습니다. 저는 백화점에 가는 차 안에서 그녀의 손을 잡았습니다.

여자 : "손은 왜 잡고 있어요?"
남자 : "그냥 잡고 싶으니까 잡죠."

제가 남자답게 말하니까 그녀는 잠자코 있었습니다. 그런데 차에서 내려서도 계속 손을 잡고 있으니까 그녀가 계속 왜 손잡고 있느냐고 물었고 잠시 분위기가 어색해졌어요. 이날 헤어진 이후 저는 일부로 그녀에게 연락하지 않았습니다. 그리고 카톡 상태 메시지를 '아프다'로 해놓았어요. 그랬더니 일주일 뒤 그녀가 먼저 연락을 하더군요. 적극적으로 대시했다가 갑자기 잠수를 타라는 최정 작가님의 조언이 먹히는 순간이었습니다.

'무슨 일 있어요?'라는 메시지가 온 겁니다.

저는 감기에 걸려서 꼼짝도 하지 못했다고 거짓말을 했습니다. 그날 이후 우리는 일주일에 두 번 정도 만나 데이트를 하면서 친한 사이가 되었습니다. 영화도 보고 당일치기로 가까운 데에 여행도 갔다 왔습니다. 그녀가 등산 가자고 하면 함께 산에 가주고, 미용실에 가자고 하면 따라가서 기다려주고, 백화점에 간다고 해도 따라가서 가방 들어주고……. 결정적으로 그녀의 생일날, 그녀가 일하는 치과로 케이크를 보냈고 저녁에 만나서 드라이브하고 술도 한잔하고 꽃다발도 선물했습니다. 그때부터는 그녀가 먼저 팔짱도 껴주고 손도 잡아주었습니다. 서로 말도 놓기로 했습니다. 그렇게 친하게 지낸 지 석 달쯤 지났을 때였어요. 저는 그쯤 되면 사귀자고 말해도 될 것 같아서 고백했습니다.

"너를 처음 봤을 때 네 얼굴에서 광채가 나는 거 있지."

저는 크게 액션을 취하면서 이렇게 말해주었습니다. 솔직히 말하면 저는 광채 같은 건 보지 못했습니다만 연예인들이 자신의 부인을 처음 봤을 때 그랬다고 말하는 걸 벤치마킹해봤습니다. 그러면서 이어서 이렇게 말했습니다.

"나, 있잖아. 네가 점점 좋아져. 우리 연애하자."

그런데 이 말을 들은 그녀는 막 웃었습니다. 그 이후 우리의 대화는 이렇게 이어졌습니다.

> 여자 : "머리는 이상하게 잘라놓고서는……. 나 나이가 많아서 지금 너랑 사귀면 끝이야."
> 남자 : "야. 그건 나도 그래. 내가 기다릴게. 근데 너무 기다리게 하지는 마라~."
> (여자가 자꾸 다른 화제로 돌리려고 함)
> 남자 : "야, 근데 나랑 연애하기 싫어? 왜 싫은데?"
> 여자 : "……."
> 남자 : "내가 남자답지 못해서 그러니?"
> 여자 : "……그런 게 아니고……."
> 남자 : "……."

그날 이렇게 어색한 대화를 나눈 이후 여느 때처럼 저는 그녀를 집까지 바래다주었습니다. 제가 집으로 돌아온 시각쯤에 카톡 메시지가 뜨더군요.

"○○야, 네가 싫은 건 아니야. 나 친구로서 널 많이 좋아해. ……(중략)…… 근데 네가 만약 친구로 만나기 싫다면 앞으로 나한테 연락 안 해도 돼. 난 괜찮아."

저는 정말 궁금합니다. 친구로서만 좋아하고 사귀고 싶지는 않은 남자랑 손도 잡고 팔짱도 끼고 같이 여행 갔다 오는 게 말이 됩니까? 남녀 사이에 친구라는 건 있을 수 없는 거라고 최정 작가님이 이야기하지 않았습니까? 그리고 앞으로 그녀에게 어떻게 행동해야 하는 건지 잘 모르겠습니다. 연인도 아닌데 친구라는 이름으로 계속 이런 식으로 만나야 하는 건지, 아니면 그냥 깨끗하게 포기하는 게 나은 건지……. 연애 전문가의 조언을 꼭 듣고 싶습니다.

이런 사연을 들을 때마다 같은 남자로서 안타까운 마음이 먼저 앞선다. 분명히 이 글을 읽고 있는 여자들은 이구동성으로 이 남자에게 한마디할 것이다.

"너는 여자 마음을 그렇게 모르니?"

여자 눈에는 그 여자가 왜 당신이라는 남자하고 사귀지 않는지가 정확하게 보인다. 자, 그렇다면 그녀의 속마음은 뭘까? 먼저 그녀의 타입에 대해서 정리해보자. 전형적으로 남자다운 남자를 좋아하는 스타일이다. 자기를 확 이끌어주고, 먼저 끌어당기는 남자를 원한다. 당신이라는 남자가 그녀의 생일날 치과로 케이크를 보내고 저녁에 만나서 술도 한잔하고 꽃다발도 선물했을 때 분명 그녀의 행동이 달라지지 않았는가? 그때 당신에게 남자다움을 느끼고 마음이 약간 흔들린 것이다. 만약 내가 당신과 똑같은 상황에 처했다면 바로 그날 반지까지 준비하고 고백도 했을 것이다. 고백은 타이밍이 중요하다. 대부분의 연애 초보남이 저지르는 실수가 이 타이밍을 제대로 맞추지 못한다는 것인데, 당신의 경우에는 이미 한 발 늦었다는 게 문제다. 그리고 또 하나의 문제점은 고백 멘트이다. 이 멘트를 하면서 과장된 액션을 취한 것도 좋지가 않다.

"너를 처음 봤을 때 네 얼굴에서 광채가 나는 거 있지."

이것은 연예인들이 결혼을 한 이후 토크쇼나 인터뷰에서 하는 멘트이지 절대 고백용 멘트가 아니다. 만약 내가 이런 상황에 처했다면 사귀자는 말은 꺼내지 않고 그냥 술 한잔을 하면서 이렇게 말하겠다.

최정 : "내가 너에 대해서 어떻게 생각하는지 아니?"

여자 : "모르지."

최정 : "좋아한다면 믿겠니?"

여자 : "믿어야 되니."

최정 : "믿으라고 하는 이야기는 아니고, 그냥 들으라고 하는 이야기니까 한번 들어나 봐."

여자 : "……."

최정 : "내가 처음으로 너 손잡던 날 기억하지? 그날 이후부터 너한테 잘 보이고 싶더라. 그냥 네가 생각이 나더라. 뭐 하나라도 더 챙겨주고 싶고……. 네 생일날 케이크 작은 거 보내줘서 미안하더라. 거기에 좋은 선물이라도 같이 보냈어야 했는데. 너한테 못해준 게 후회가 되더라. 하루 종일 니 생각 밖에 안 나. 너는 나에 대해서 무슨 생각을 하는지 모르겠지만……. 나는 네가 좋아."

마지막으로 당신의 궁금증을 해결해주고 싶다. 남자로는 안 보이고 친구로만 생각한다면서 어떻게 여행도 같이 가고, 등산도 같이 가고, 손도 잡고, 팔짱도 낄 수 있느냐고 질문을 했는데 여자도 충분히 그럴 수 있다. 그 여자의 가슴 한쪽에서는 당신을 좋아도 하고 '한번 사귀어볼까?' 하는 생각도 했기 때문에 그렇게 행동한 것은 맞지만 다른 한쪽에서는 '이 남자랑 사귀는 건 좀 아니지 않나' 하는 생각이 자꾸 들기 때문이다. 좀 더 툭 까놓고 이야기하면 당신이라는 남자에게는 '불같은 연애 감정'이 생기지가 않기 때문이다. 만약 더 솔직한 답을 알고 싶다면 그녀와 친구로서 술 한잔을 하면서 진지하게 물어보는 게 좋다. 상처받아도 괜찮다. 사람들이 대개 자신의 단점을 애써 외면하려고 하기 때문에 변화, 발전이 없는 것이다. 당신의 어떤 점이 부족한지 솔직하게 이야기해달라고 물어봐라. 아마도 다음번에는 훨씬 진일보한 연애를 할 수 있을 것이다.

짝사랑하는 그녀에게 접근하는 방법은?

▶ 나

나이와 성별 : 24살, 남자
직업이나 학력, 재력 : 대학생
외모 : 못생긴 것도 아니고 그렇다고 잘생긴 것도 아닙니다. 여드름이 있는 게 단점입니다. 키는 172cm로 남자 키치고는 큰 편이 아니죠. 현재 몸을 만들기 위해 헬스를 열심히 하고 있습니다.
연애 경험 : 군대 가기 전에 학교 후배랑 한 번 사귄 적이 있습니다.
연애관 : 밀당 같은 건 솔직히 할 줄도 모르고 어떻게 하는 것인지 모르니까 싫기도 해요. 제가 내성적이고 소심하고 우유부단한 면이 있어서 그런지 활달하고 적극적인 여자가 좋습니다.

◀ 상대

나이와 성별 : 나이는 잘 모릅니다. 여자
직업이나 학력, 재력 : 학교 근처 커피숍에서 일하고 있는데 아르바이트생인지 어떤지 잘 모르겠습니다.
외모 : 키가 커 보이고 약간 마르고 얼굴이 예쁩니다.
연애 경험 : 모릅니다.
연애관 : 모릅니다.

사건의 전말

사연이라고 하기에도 민망할 정도로 저는 그녀에 대해 아는 것이 없습니다. 그저 저희 학교 근처 모 커피숍에서 일하고 있다는 사실 정도만 압니다. 과 동기들과 자주 가는 커피숍인데 볼 때마다 그녀에게 끌리는 마음을 어찌할 수가 없네요. 그런데 과 동기 중 한 녀석이 그녀에게 전화번호를 물어봤는데 가르쳐줬다고 하는 말을 들었습니다. 그 녀석도 저와 같은 마음이었나 봅니다. 전화번호를 알려준 것을 보면 남자 친구가 없는 거 아닌가 싶은데요. 그녀에게 문자를 아무리 보내도 묵묵부답이었다고 해요. 그 소문을 전해 들은 순간 저도 용기를 내야겠다는 생각이 들었습니다. 더 늦게 행동하면 분명 그녀가 딴 녀석과 사귀어버릴 것 같아서요. 그래서 저는 그녀에게 쪽지를 썼습니다.

안녕하세요? 저는 ○○○라고 하는데요.
사실은 첫눈에 반했습니다. 함께 차 한잔하고 싶은데요. 연락 한번 꼭 해주십사 부탁드립니다. 제 전화번호는 010-

○○○-○○○○입니다.

　이 쪽지와 함께 꽃다발을 사서 저는 커피숍으로 향했습니다. 커피숍에 사람들이 별로 없는 시간을 택했지만 그녀에게 이것을 전달하기 위해서는 정말 많은 용기가 필요하더군요. 얼굴이 뜨거워지는 것을 참으면서 저는 그녀가 일하는 시간에 찾아갔습니다. 혹시나 과 동기나 아는 사람이 있을까 봐 정말이지 가슴이 조마조마하더군요. 그런데 그녀가 아닌 다른 직원이 주문을 받으려고 서 있는 겁니다. 정말 용기를 내어 찾아갔는데 너무 당황스러웠습니다. 그래서 저는 일단 커피를 시켜놓고 자리에 앉아서 그녀가 오기를 기다렸습니다. 얼마 지나지 않아 그녀가 출근을 하더군요. 옷을 갈아입고 매장에 그녀가 나오자마자 저는 그녀에게 다가가 준비했던 쪽지와 꽃다발을 건넸습니다. 그런데 너무 떨려서 그런지 말이 잘 나오지가 않았습니다. 그냥 "저……저기요……, 이거……받으…세요. 그럼……전 이만"이라는 말만 건넨 이후 도망치듯 커피숍에서 튀어나와버렸습니다. 정말 낯 뜨겁더군요. 커피숍 안에 있는 모든 사람이 저만 쳐다보고 있는 것만 같은 생각이 들었고, 그녀가 이렇게 소심하고 자신감 없는 저를 보고 답답해하지는 않았을까 하고 생각하니 심장이 오그라들더라고요. 용기 있는 자가 미인을 얻는다는 말이 괜히 나온 게 아니라는 것을 확인하는 순간이었습니다. 지금 생각해봐도 왜 그렇게 자신감 없게 행동했는지 후회스럽기만 합니다. 그런데 불안이 현실화되고 있습니다. 그 후로 그녀로부터 아무런 연락도 없습니다. 벌써 일주일이나 지났는데 말입니다. 최정 작가님, 앞으로 저는 어떻게 해야 하나요? 다시 그 커피숍으로 가서 그녀에게 전화번호를 물어봐야 하나요? 아니면 그녀가 전화할 때까지 좀 더 기다려봐야 하나요?

최정의 연애 CSI

너무너무 가슴이 아프고 안타깝다. 10대 시절의 내 모습을 보는 것 같아서 더욱 그렇다. 솔직히 말해 지금은 끝난 상황이라 별다른 해결책이 없기에 더더욱 가슴이 미어진다. 일단 당신이 잘못 판단한 것을 먼저 이야기해보자. 무엇이겠는가?

과 동기가 그녀에게 연락처를 받아서 문자를 보냈지만 묵묵부답이었다는 것은 무엇을 말하는가? 그녀는 그 친구에게 별 생각 없이 전화번호를 알려준 것뿐이다. 그녀가 전화번호를 알려줬다고 해서 꼭 남자 친구가 없으리라는 보장이 없다는 말이다. 안 가르쳐주면 귀찮아지니까 그냥 돌려보내기 위해 아무 의미 없이 전화번호를 넘기기도 한다. 그리고 만약 그녀에게 남자 친구가 없다고 해도 이런 식의 고백은 효과가 없다. 쌍팔년도 수법도 이렇게는 안 한다. 당신이 요즘 한창 주가를 올리고 있는 김수현 정도 되나? 외모가 정우성이나 원빈 정도 되나 이 말이다. 전혀 아니지 않은가. 이렇게 해서 어떤 여자가 넘어오겠는가? 만약에 나라면 이렇게 하겠다. 매일매일 찾아간다. 나라는 사람을 그 여자에게 인지시키는 게 먼저 해야 할 일 아니겠는가? 매일매일 가서 계산을 동전으로 하는 것이다. 100원짜리나 500원짜리로만 계산을 하는 것이다. 그러면 곧 당신이라는 사람의 별명은 100원이나 500원이 된다. 그렇지 않겠는가? 그런 다음에 다른 아르바이트생들과도 인사를 해라.

"안녕하세요?"부터 시작해서 "오늘 날씨가 좋네요"로 이어지고 나중에는 "몇 살이세요?", "몇 시에 끝나요?"라는 식으로 발전하면 된다. 이렇게 만들어 놓고, 중간중간에 커피숍에서 팔지 않는 초콜릿이나, 빵 같은 것을 사서 선물도 해라.

최정 : "제가 맨날 동전으로 계산해서 힘드셨죠? 이거라도 드세요……."
여자 : "저는 괜찮은데……."
최정 : "안 드셔도 되니까 일단 받으세요……."

이런 식으로 발전을 해야 한다.

그렇게 자연스럽게 친해졌을 때 연락처를 물어봐야 한다. 혹은 그녀가 끝나는 시간에 근처 길거리에서 우연히 만난 것처럼 가장하면 된다. 그 자리에서 이렇게 말하는 것이다.

"어~ 안녕하세요? 저 기억하시죠? 500원~."

2부
그 남자, 그 여자의 미친 연애 Concerto

나는 평소 궁금한 것이 있는데 '왜 연애를 잘하고 싶어 하는 남자들이 정작 드라마를 무시하는가' 하는 점이다. 여자들이 열광하는 드라마 속 남자들이 어떤 멘트를 던지는지 왜 궁금해하지 않는가? 그것만 잘 관찰해도 그 속에 답이 있다는 걸 정녕 모른단 말인가?

연애를 못해서
눈물 흘리는 남자

지금은 여자를 위한 글을 많이 쓰지만 애초에 나는 남자를 위한 글을 쓰면서 유명해지기 시작했다. 픽업아티스트라는 말이 생기기 훨씬 이전부터 인기 있는 연애 관련 카페에서 여러 남자들과 토론을 즐겨 했다. 지금도 꾸준히 한 달에 다섯 명에서 열 명 정도의 남자들에게 일대일 상담을 하고 있다. 그런데 나를 찾아오는 대부분의 남자에게는 공통점이 하나씩 있는데 지금 바로 그 이야기를 해보려고 한다. 그들의 문제점이 무엇이고, 그 문제점에 대한 해결책은 무엇인지 알아보도록 하자.

키가 작아서 슬픈 짐승이여

내 키는 187센티미터이다.
 갑자기 책을 확 집어던지고 싶다고 생각하는 남자의 심정, 충분히 이해한다.

'감히 '키작남'들의 심정을 알지도 못하면서 조언을 하겠다고? 웃기시네.'

이렇게 말하고 싶은 것도 다 안다. 그런데 지금까지 연애를 못해서 나를 찾아왔던 남자들치고 키 큰 남자를 보지 못했다. 그들은 전부 167센티미터에서 173센티미터 사이로 그 이상을 넘어가는 경우는 극히 드물었다. 하지만 그런 남자들도 자기가 원하는 여자를 만날 수 있게끔 해주었다고 자부한다.

일단 키 작은 남자들이 찾아오면 가장 먼저 누구를 롤 모델로 삼고 싶으냐고 묻는다. 그러면 많은 이들이 빅뱅의 대성이나 지드래곤이라고 답하는데 그건 현실적이지 않다. '지드래곤의 키가 프로필상 177센티미터라고 나와 있지만 실제로는 172센티미터밖에 안 된다', '통굽과 깔창으로 만든 키다' 등등의 논란이 있는데 이것은 전혀 중요한 것이 아니다. 어차피 빅뱅은 건드리면 안 된다. 대성이나 지드래곤과 키가 같다고 해서 절대로 그들처럼 될 수가 없다. 그렇다면 현실적으로 누구를 롤 모델로 삼아야 할 것인가.

나는 여기서 조세호(일명 양배추)를 롤 모델로 삼으라고 조언한다. 왜? 남자는 키가 안 되면 살집이 있거나 덩치라도 커야 된다. 무게감마저 없으면 절대로 남자로 보이지 않는다. 조세호와 함께 콤비를 이루어서 나오는 남창희와 비교해봐라.

두 사람의 키는 비슷하지만 덩치가 다르다. 여자들에게 만약 이 두 명의 남자 중 하나를 선택해야 한다면 누구를 고르겠느냐고 물어봐라. 대부분의 여자들이 조세호를 선택한다. 이것은 물론 덩치 때문이지만 또 한 가지 요인을 꼽을 수 있는데 그것은 바로 핀스프라이트 슈트이다. 조세호는 평소 이 슈트를 즐겨 입는다. 키가 작은 남자들에게 이 슈트는 최고의 스타일이다. 키 작은 남자들에게 묻는다. 당신이라는 남자의 옷장에 여러 가지 스타일의 핀스프라이트 슈트가 있는가? 없지 않은가! 왜 당신은 키가 큰 남자들하고 같은 스타일의 옷을 입으려고 하는가? 물론 청바지에 티셔츠를 입는 것이 솔직히 편하고 좋다. 하지만 키가 작은 게 당신의 단점이라는 걸 알면서도 왜 신경 써서 옷을 입지 않는 것인가? 본인이 조금만 노력하면 키가 작다는 콤플렉스도 얼마든지 커버할 수 있다. 인터넷을 뒤져보면 키 작은 남자들을 위한 패션 아이템이 넘쳐난다. 붐스타일이라는 쇼핑몰도 그중 하나인데 이 사이트의 대표 이철민 씨의 키도 170센티미터가 되지 않는다고 한다. 자, 여러분들은 작은 키를 극복하기 위해서 어떤 노력을 하고 있는가? 그저 여자들이 키 큰 남자들만 좋아한다고 불평불만을 늘어놓고 있지는 않은가? 그런데 참 아이러니한 것이 여자들에게 키 작은 남자와 사귀어본 경험이 있느냐고 물어보면 대부분이 한 번 이상은 경험이 있다고 답한다. 그러니 이제 키가 작아서 연애를 못한다는 핑계는 그만 대기를 바란다.

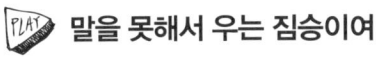 **말을 못해서 우는 짐승이여**

흔히 사람들이 말은 배우는 것이 아니라고들 한다. 사람을 많이 만나다 보면 자연스럽게 느는 것이 말발이라고들 이야기한다. 하지만 과연 그럴까? 사람을 많이 만나면 자연스럽게 말발도 느는 것일까? 물론 경험이 쌓일수록 말의 스킬이 늘어날 수는 있겠지만 문제는 그 말의 내용과 형식, 누구를 만나서 어떤 대화를 하느냐에 달려 있지 않을까 싶다.

  내 경험을 먼저 털어놓자면 나 역시 예전에는 내성적인 성격으로 여자 앞에서 말 한 마디 제대로 하지 못했다. 누나가 두 명 있었지만 워낙 사이가 좋지 않았던 관계로 여자에 대한 정보가 전혀 없다 보니 막연한 두려움 같은 것마저 갖고 있었다. 그러다가 본격적으로 연애를 배우기 시작했고 나중에는 어떤 여자 앞에서도 유머러스한 이야기를 꺼낼 수 있게 되었는데 그렇게 되기까지 3년 정도의 시간이 필요했다. 돈도 무진장 깨졌다. 그렇다고 이 글을 읽는 남자들에게 말을 잘하기 위해 3년을 투자하라고 말한다면 다들 그러마 하고 수긍하겠는가? 그러기에는 너무나 긴 시간이 아닐 수 없다. 그렇다면 단기간 내에 말을 잘하게 되려면 어떻게 해야 할까? 많은 남자들이 픽업아티스트에 대해서 묻는다. 그런데 나는 아무리 빠르게 좋은 결과를 얻을 수 있다고 해도 이 방법은 추천하고 싶지 않다. 돈도 너무 많이 들고(수강료뿐 아니라 클럽이나 파티 따라다니면서 쓰는 돈까지 포함하면 너무 과도한 지출을 하게 된다) 그 목적이 의심스럽기 때문이다. 정말 좋아하는 사람을 내 사람으로 만들기 위해 약간의 스킬을 익히는 것이 목적이 돼야지 '어떻게 하면 많은 여자를 꼬실 수 있나'가 목적이 되어선 안 된다. 픽업아티스트를 추천하지 않는 이유는 또 있다. 그들이 알려주는 스킬이 너무 뻔하다는 것이다. 순진한 여자들, 일반적인 여자들에게는 그들의 방법이 먹힐지 모르겠지만 조금만 연애를 많이 해본 여자들에게는 금방 밑바닥이 드러나게 되어 있다. 그렇다면 어떻게 해야 될까?

    우선 누구와 대화하든 매끄럽게 받아치는 재치와 센스를 길러야 한다. 가장 빠르고 쉬운 방법은 신동엽이 진행하는 예능 프로그램을 즐겨 보는 것이다. 이것은 운동선수들이 쓰는 방법과도 일맥상통한다. 그들은 잘하는 선수의 경기를 모니터링하고 모방하는 것에서 훈련을 시작한다. 신동엽이 패널들의 말을 어떻게 받아치는지 잘 관찰해봐라. '아, 저 상황에서는 저렇게 말을 받아쳐야 하는구나'라는 말이 절로 나올 것이다. 예능 프로그램은 내가 웃고 즐기기 위해서 보는 것이지만 거기서 멈춰서는 안 된다. 잘 관찰했다면 자기만의 방식으로 따라 해봐야 한다. 그리고 본인이 멘트를 던졌을 때 주변 사람들의 반응이 중요하다. 만약 웃지 않는다면 잘못 따라 한 것이다.

    그리고 또 한 가지는 대사가 좋은 드라마를 골라서 보는 것이다.

드라마 따위는 아줌마들이나 보는 거라고 치부하고 있는가? 그렇게 생각한다면 당신은 평생 혼자 늙어갈지도 모른다. 나는 평소 궁금한 것이 있는데 '왜 연애를 잘하고 싶어 하는 남자들이 정작 드라마를 무시하는가' 하는 점이다. 여자들이 열광하는 드라마 속 남자들이 어떤 멘트를 던지는지 왜 궁금해하지 않는가? 그것만 잘 관찰해도 그 속에 답이 있다는 걸 정녕 모른단 말인가? 그중 하나만 꼽아서 이야기한다면 김은숙 작가의 드라마들을 다시 한 번 챙겨보라고 이야기하고 싶다. 〈시크릿 가든〉, 〈신사의 품격〉, 〈상속자들〉 등등의 드라마에 등장하는 남자 주인공들의 대사를 관찰해봐라. 그들이 오글거리는 멘트를 얼마나 달콤하게 포장하는지가 다시 한 번 느껴질 것이다. 그리고 또 한 가지가 더 있는데 그들의 대사 속에 깔려 있는 일반 상식들이다. 당신이라는 남자에게 한 번 물어보고 싶다. 지금 흰 백지에 속담 50개를 적어보라고 하면 적을 수 있겠는가? 고사성어 50개를 적어보라고 하면 적을 수 있겠는가? 명언 50개를 적어보라고 하면 적을 수 있겠는가? 유치하다고 코웃음 칠 일이 아니다. 이것을 적을 줄 알아야 한다. 그래야 유머의 질, 대화의 질이 떨어지지 않는다. 물론 이런 상식을 다 외우고 있다고 해서 말을 잘하는 것과 직결되는 것은 아니다. 아무 때나 고사성어를 갖다 붙여서 비유하면 괜히 잘난 척한다고 욕먹을 수도 있다. 다만 기본적인 상식이 바탕에 깔려 있어야 적절한 비유를 골라낼 수가 있다는 소리이다. 그리고 그러려면 책을 어느 정도 읽어야 한다. 그것도 자기계발 분야의 책보다는 인문 교양 분야의 책을 읽어야 가능한 일이다. 그리고 이것은 한 달 안에 속성으로 마스터할 수 있는 성질의 일이 아니다. 그러나 만약 스스로가 이 분야에 약하다고 판단한다면 여섯 달 정도 투자해서 인문 분야의 책을 읽어보라고 권하고 싶다. 자, 이제 거칠고 박력 있게 다가가는 남자의 시대는 이미 지났다. 이제는 남자도 말을 예쁘게 할 줄 알아야 한다. 그리고 여자와 대화하기 위해 공부할 줄도 알아야 한다.

 돈이 없어서 우울한 짐승이여

이런 말을 하면 안 되겠지만 돈 없으면 연애하지 말라고 이야기할 때가 종종 있다. 솔직히 우리나라와 같은 자본주의 사회에서 살면서 먹고사는 일이 해결이 안 되는데 여자를 어떻게 만나는가? 툭 까놓고 이야기해서 맞는 말 아닌가?

"그렇다면 돈 없는 남자들은 죄다 노총각으로 늙어 죽어야 합니까?"

이렇게 말하고 싶은 것도 안다. 그렇기 때문에 여러분들을 위한 해결책을 하나 가지고 왔다. 내가 스물여섯 살 때였다. 여자 만나지 않았다. TV, 인터넷 게임도 하지 않았다. 담배도 끊었다.

술도 끊었다. 돈을 주고 성을 사지도 않았다. 도대체 무엇을 했을까? 돈 벌었다. 한마디로 말을 하자면 종잣돈을 모으기 위해서 노력했다. 하루 네 시간 잤다. 택시를 타본 적이 없다. 버스도 타지 않았다. 일하느라 운동할 시간이 따로 없었기 때문에 가능하면 자전거를 타거나 걸어 다니기 일쑤였다. 그때 별짓을 다했다. 공장을 다녔는데 일이 끝나면 식당에서 무거운 것을 나르는 아르바이트를 했고 신문배달, 우유 배달, 넝마주이, 심지어는 제약회사의 임상 실험에도 참가한 적이 있다. 자산 관리사들이 고객을 만나면 늘 묻는 말이 있다.

"다달이 어떻게 돈을 쓰고 계시나요?"

돈을 모으기 위해서는 우선 소비 패턴부터 조사해야 하기 때문이다. 돈이 없어서 연애를 못한다는 남자들에게 묻고 싶다. 여러분들은 회사와 가깝다는 이유로 비싼 월세를 내야 하는 집에서 살고 있지 않은가? 남자가 자동차가 없으면 폼이 안 난다는 이유로 무리하게 차를 구입해 다달이 상당한 할부금을 내고 있지는 않은가? 한 달에 유흥비로 얼마쯤을 쓰고 있는가? 취미 생활에는 얼마쯤을 쓰고 있는가? 이것들을 점검해보시라는 거다. 스물여섯 살 때 한창 종잣돈을 모을 당시에 나는 일주일에 세 번은 노인정에 들러 두 시간가량 청소 봉사를 하고 나서 할아버지 할머니들한테 쌀하고 밑반찬을 얻어먹었다. 이렇게 한다고 해서 부끄러운 게 아니다. 목표가 있다면 쪽팔릴 필요가 없다. 주변에 자수성가했다는 사람들을 둘러봐라. 이들 중 어렵고 힘든 시절을 보내지 않은 사람이 있던가? 우리의 부모 세대가 얼마나 많은 고생과 시련을 겪으면서 살아왔는 줄 아는가? 그에 비하면 지금의 20대, 30대는 정말 좋은 시대에 살고 있는 것이다.

자자, 지금은 돈을 모아야 할 때이다. 그렇게 해야, 좀 더 큰 세상을 바라볼 수 있고 좀 더 많은 것을 해볼 수 있는 것이다. 종잣돈 하나 없는데, 지금 무엇을 한다는 말인가? 연애는 지금 사치이다. 여자를 만나면 당연히 돈이 들어간다. 아무리 아껴 쓴다고 하더라도 지출은 어쩔 수 없이 해야 된다. 호스트바에서 일하는 게 아닌 이상 돈 안 들이고 여자를 만나는 방법은 없는 것 아니겠는가? 우리는 돈 없으면 남자 대접을 못 받는 더러운 세상에서 살고 있다. 하지만 그렇다고 그런 세상을 욕만 하고, 세상을 등지면 안 되는 것이다. 그러면 정말 답이 없다. 돈 많은 남자만 좋아한다고 여자들에게 손가락질하지 마라. 세상이 그렇게 만들어버린 것을 어쩌란 말인가.

'그냥 되는대로, 물 흘러가듯이 살면 되지 뭐.'

이런 생각이 지금 당신이라는 남자의 발전을 가로막고 있다는 사실을 직시하기 바란다.

사랑을 못해서 눈물 흘리는 여자

지금도 날마다 여러 통의 이별 상담 메일을 받고 있다. 많은 여자들이 뻔히 안 되는 걸 알면서도, 자기 안에 이미 답이 있으면서도 지푸라기라도 잡는 심정으로 말한다.

"최정 님, 저는 이제 더 이상 살 수가 없어요."

"최정 님, 마지막 부탁입니다."

"최정 님, 저를 좀 잡아주세요."

이런 메일을 볼 때마다 간절함과 애절함이 나에게도 전달되었는지, 나 역시 마음속으로 수도 없이 눈물을 흘리곤 했다. 여태까지 그런 메일을 보낸 여자들에게 위로의 말도 보냈고, 독설도 날렸고, 그리고 오빠 같은 마음으로 함께 직면한 문제의 실타래를 하나하나 풀어나가기도 했다. 이런 경험들이 하나둘씩 쌓이다 보니까 사랑을 하지 못하는 여자들의 공통적인 문제점이 점차 보이기 시작했다. 자, 지금부터 그 해결책을 하나하나 풀어보도록 하자.

연애 불안증에 떠는 여인이여

"오빠 이번 책에 꼭 저의 이야기를 써주세요."

2년 전에 한 통의 메일을 받았다. 제목부터가 자극적이었다.

"자살하기 직전입니다, 한 번만 만나주시면 안 되나요?"

죽을 것 같다고, 좀 도와달라고 하는 사람이 워낙 많아서 이런 메일에 대수롭지 않게 반응하는 편이건만 왠지 모르게 마음이 걸렸다. 휴대폰으로 메일을 보낸 것부터가 걱정스러웠다. '만에 하나 지금 한강 다리 위에 올라가 있으면 어떡하지'라는 생각이 들었고 결국에는 그녀를 만나게 되었다. 그녀는 연애와 남자에 대해서 상당히 지쳐 있었다.

스물여섯 살에 5년간 사귄 남자 친구와 이별한 이후에 짧은 연애만 스무 번 가까이 했다는 30대 초반의 여자였다. 그녀가 마지막으로 사귄 남자 친구는 자신의 이상형이나 원하는 스타일과는 거리가 멀었다. 그런데 그런 남자에게마저 이별을 통보받자 도무지 안 되겠다 싶어서 죽고 싶다는 생각만 했다는 것이다. 그런데 문제는 그녀만 그런 게 아니라는 사실이다. 이런 경험을 하는 여자들이 꽤 많다. 이런 여자들의 문제점이 무엇인 줄 아는가? 바로 연애 불안증이다.

이런 여자들의 연애 패턴은 대동소이하다. 먼저 남자가 여자에게 적극적으로 대시한다. 여자는 남자가 싫지 않기 때문에 받아주게 되고 얼마 안 가 두 사람은 연인이 된다. 이후 두 사람은 달콤한 시기를 보내지만 그 시간은 너무나도 짧다. 얼마 되지 않아 남자는 점점 시들어지고 어느 순간 말도 안 되는 핑계를 대면서 여자에게 이별을 통보한다(혹은 여자가 먼저 헤어지자는 말을 하도록 유도하는 행동을 한다).

몇 번 남자에게 이런 식으로 당하면 어떻게 되겠는가? 그놈이 그놈인 것 같고 진정한 사랑은 없는 것 같고 '점점 나이는 먹어가는데 내가 과연 결혼할 수 있을까?'라는 불안한 마음이 들지 않겠는가? 이 불안증이 심해지면 우울증, 조울증으로까지 발전하게 되는 것이다.

처음에는 쿨하게 생각할 수도 있다.

'어차피 나 싫다고 떠난 남자, 나를 사랑하지 않는다는데 나도 버리면 그뿐이다.'

이렇게 생각하는 게 정상이다. 세상에 남자가 너 하나뿐이냐고, 나는 너보다 더 잘살 거라고 다짐하면 된다. 그리고 이렇게 해서 더 잘사는 여자도 있을 것이다. 하지만 만약 이런 연애 패턴이 두 번, 세 번 반복된다면? 그때는 문제가 달라진다. 대체로 여자들은 문제의 원인을 자기 자신에게서 찾기 때문이다. '나한테 뭔가 문제가 있는 것 같다'라는 생각에 이르면 더 위축되면서 불안감에 휩싸이게 된다. 그렇지 않겠는가? 그러니 남자를 사귀면서도 얼마나 무섭겠는가? 강제로 이별을 당하는 것이 얼마나 비참한 것인지 아는데 또 그런 일을 당할게 될까 봐 겁이 나고 불안해지는 것은 당연한 것이다. 나는 그녀에게 생각나는 대로 연애의 과정을 적어보라고 요청했다.

그녀는 약 세 명의 남자와 만났던 과정을 차근차근 적어나갔다. 그리고 여기서 놀라운 사실을 발견할 수 있었다. 세 사람과의 연애 과정이 거의 비슷하다는 것이다. 비슷한 취향의 남자에게 끌리다 보니까 똑같은 패턴으로 넘어가고 똑같은 방식으로 연애하다가 똑같은 식으로 헤어지게 된 것이다.

그렇다면 어떻게 해야 하겠는가? 불안증을 없앨 수 있는 가장 근본적인 방법이 하나 있다. 의외로 이것은 간단한데 '내가 지금 무엇 때문에 불안함을 느끼고 있는가'를 아는 것이다. 그 남자가 나를 떠났다. 그 남자가 더 이상 나를 사랑하지 않는다. 왜 그런다고 생각하는가? 많은 여자들과 연애해봤던 내가 하는 말을 잘 들어봐라. 한 마디로 몸 주고 마음 주고, 내가 할 수 있는 것들을 다 보여주니까 그 남자가 더 이상 당신이라는 여자에게 흥미를 잃어버린 것이다.

이렇게 말을 해도 감이 잘 안 잡힌다면 이 글을 읽는 독자 여러분도 한번 자신이 했던 일들을 쭉 적어봐라. 남자가 이렇게 하니까 내가 넘어갔구나, 내가 이렇게 하니까 남자가 그렇게 행동을 했구나, 하는 것이 느껴질 것이다. 바로 이 행동 패턴을 바꾸자는 것이다.

그리고 만약 연애 불안증이 발동할 때는 어떻게 대처할 것인가?

나 역시 연애 때문은 아니지만 조급증과 강박증 같은 불안 장애를 안고 있는데, 실제로 정신과에 가서 상담을 받고 약을 처방받은 적이 있을 정도이다. 나의 경우 불안증이 왔을 때 나만의 방식으로 푸는데 휴대폰을 놔두고 그냥 무조건 밖으로 나가서 돌아다닌다. 혼자 바에 가서 술을 마시거나 심야 영화를 보러 가거나 한다. 그래도 처음에는 상당히 힘들다. 술을 마셔도, 영화를 봐도 머릿속에는 풀리지 않는 생각들이 뱅뱅 돌기 때문에 제정신이 아니다. 하지만 얼마간의 시간 동안 참고 마음을 가라앉히면 어느 정도 머릿속이 정리가 되고 마음이 편안해진다.

이것이 최선의 방법은 아니지만 여러 가지 다른 방법을 다 써봐도 결국 이 방법이 나에게 가장 맞는다는 것을 알게 되었다. 그러니 부탁이다. 당신도 불안증이 올라올 때 자신을 편안하게 만드는 방법을 찾아야 한다. 그래야 극단적으로 치닫는 것을 예방할 수 있다. 제발 나한테 지금 죽으러 간다는 식의 메일은 보내지 말기를 바란다.

▶PLAY 성격이 좋아서 안 되는 여인이여

흔히 여자들 사이에서 성격 좋다는 평판을 듣는 그녀. 도대체 어떻게 행동했기에 그런 평판을 얻었을까? 대개의 경우 시원시원하고 쿨한 성격, 달리 말하면 "남자로 태어났다면 정말 성공했을 텐데……"라는 말을 듣는 여자일 가능성이 크다. 그런데 문제는 무엇인가? 남자들 사이에서 "그 사람 정말 진국이야"라는 말을 듣는 남자가 여자들에게 인기 없는 경우가 많은 것처럼, 이렇게 쿨한 성격의 여자가 남자들에게는 인기가 없다는 것이다. 왜? 남자들의 대부분은 기왕이면 '전형적인 여자 스타일'을 찾기 때문이다. 남자를 이해해주고 배려해주고 양보해주는 여자. 그런 여자가 남자에게는 성격이 좋은 여자로 통한다. 그런데 여자들이 성격 좋다고 평가하는 그녀는? 절대로 이렇게는 못 한다. 자기의 프라이드가 너무나도 강하기 때문이다. 노후 걱정 없는 부모님, 남들에게 꿀리지 않는 학력, 전문직 혹은 대기업 사원 같은 확실한 직업. 그녀들은 이런 조건 중 확실한 거 한 가지는 갖고 있다. 한마디로 말해서 배울 만큼 배웠고, 웬만큼 잘살고 있다는 것이다. 또 여기에 외모까지 괜찮다면 20대에는 남자들한테 대시깨나 받아봤고, 충성 아닌 충성도 받아봤다. 이런 여자들의 경우 30대에 들어서면서 연애가 꼬이기 시작한다. 왜 그럴까? 강한 성격의 여자들이 자기보다 더 강한 캐릭터의 남자를 찾기 때문이다. 그러니 일반적인 남자들은 눈에 들어오지도 않는다. 그렇다고 해서 바람둥이 남자들을 좋아하는 것은 아니다. 딱 봐도 남자답고 좋은 집안, 좋은 학벌, 좋은 능력과 성격을 가진 완벽한 남자를 찾는다는 것이다. 실제로 그녀들이 이런 남자를 만났을 때,

연애 초반에는 그 남자를 확실히 구워삶는다. 남자들도 그런 여자를 좋아한다.

그렇다면 뭐가 문제인가? 문제는 공교롭게도 그녀가 그 남자를 사랑하면서부터 일어난다. 남자는 권태기에 빠지는데, 여자는 그때부터 활활 타오른다. 이러니 연애라는 것이 참 어려운 것이다.

여자는 그 남자가 자신에게 무심해지자 투정을 부리거나 화를 낸다. 그러나 남자의 입장은 다르다. 지금까지 만났던 다른 여자들은 자기를 이해, 양보, 배려해주었는데 그 여자는 그렇지가 않은 것이다. 오히려 자신이 계속 미안하다고 말해야 하는 입장에 놓이니 어느 순간 슬슬 짜증이 나기 시작한다. 결국 압박감을 견디지 못한 그는 "우리 좀 생각할 시간을 갖자"라거나 심하면 직설적으로 "그냥 우리 헤어지자"라고 말하게 되는 것이다. 그녀의 연애 패턴은 이런 식으로 흘러간다. 그리고 잘못하면 이런 연애 패턴을 반복하다가 30대를 훌쩍 넘기고 만다. 자, 그렇다면 그녀들은 도대체 뭐가 문제일까? 우선 겉과 속이 다르다. 무슨 말이겠는가? 겉으로 보았을 때에는 상당히 활발하고 명랑하고, 쿨한 척하지만 속으로는 상당히 여린 구석도 많고, 누구보다도 여자다운 감수성에 예민한 성격인 경우가 많다. 그래서 한 번 연애에 실패하면 후폭풍이 상당히 오래간다. 나는 그녀들에게 이런 말을 해주고 싶다.

"이제 그만 겉에 있는 모습은 숨겨놓고, 속에 들어 있는 모습을 보여주세요."

만약 그것이 잘되지 않는다면 처음에 당신이라는 여자가 그 남자와 밀당을 주고받던 시기에 했던 말과 행동들을 끝까지 유지하라고 이야기해주고 싶다. 왜? 그 남자는 당신의 그런 모습, 쿨하고 시원시원했던 당신의 모습이 좋아서 연애를 시작한 것이기 때문이다. 그런데 막상 사귀어보니까 이보다 더 피곤한 여자가 없다는 생각이 드는 것이다. 쉽게 생각을 해봐라.

한 번도 화를 내지 않던 사람이 어느 순간 별것도 아닌 일에 불같이 화를 낸다면 어떤 생각이 들겠는가? '아, 저 사람이 저런 모습도 있구나. 내가 잘못했나 보다' 하고 긍정적으로 생각할 것 같은가? 아니다. '저 새끼 또라이 아니야?'라고 생각하는 게 정상이다. 연애 초반에만 여우질을 한다고 해서 그 남자하고 오래가는 것이 아니다. 한번 여우는 끝까지 여우가 되어야 그 남자하고 오래간다는 것을 여자들이여, 명심하기를 바란다.

PLAY 리즈시절을 잊지 못하는 여인이여

초등학교 때 여자들한테 폭발적인 인기를 누렸던 친구가 있었다. 부러웠다. 어린 친구들은 모르겠지만, 학교 다닐 때 '마니또 게임'이라는 것이 있었는데, 그 친구를 마니또 친구로 뽑고 싶어 하는 여자들이 수두룩했다.

그 친구는 크리스마스 때도 수많은 여자 친구에게 카드를 받았다. 그때 나는 뭘 하고 있었는 줄 아는가? 다들 짐작하시겠지만 여자 친구라고는 구경도 하지 못한 채 구석에 쭈그리고 앉아 있었다. 그런데 20대 후반쯤에 초등학교 동창회에 가서 그 친구를 다시 만났다. 상황은 정확히 정반대로 변해 있었다. 나는 인기인이었고, 그 친구는 인기가 추락한 연예인마냥 쓸쓸하게 앉아 있었다. 이런 극단적인 예를 드는 이유는 간단하다. 사람이란 게 남의 일은 객관적으로 볼 줄 알면서 자신의 일은 그렇게 못 본다. 환경이나, 나이에 따라 사람의 상황은 크게 바뀐다는 거. 당연한 거고 어쩔 수 없는 거 아니겠는가. 그런데 그것을 인정하지 못하는 여자들. 다시 말해 화려했던 시절에서 벗어나지 못하는 여자들. 자기를 최고로 대접해주던 남자를 기준으로 생각하는 여자들. 이런 여자들이 문제라는 것이다. 도대체 왜 인정하지 못하는가? 대부분의 남자들이 20대일 때에는 여자한테 잘한다. 연애 경험이 별로 없는 상태에서 여자에 대해서, 사랑에 대해서 하나하나 배워가는 시기이기 때문에 웬만하면 먼저 이해해주고, 배려해준다. 하지만 어느 순간부터 남자는 깨닫는다.

'내가 그렇게까지 잘해줘도 소용없구나. 결국 여자 마음은 식는구나…….'

사랑이 별것 없다는 거, 허무하게 끝난다는 걸 이미 경험한 그는 이제 더 이상 20대에 그랬던 것처럼 열정을 다하지는 않는다. 하지만 여자는 다르다. 나이가 들면서 그때 그 시절에 받았던 사랑이 진짜 사랑이라고 느끼는 경우가 많다. 남자를 만나면 만날수록 20대 초반에 받아봤던 남자의 사랑이 얼마나 아름답고 숭고한지를 되새기게 된다. 그리고 그런 남자를 다시 한 번 만나고 싶어 하는 것이다. 이것을 남자들이 알아주면 참 좋으련만 현실은 그렇지가 않다. 지금 내가 여자들에게 말하려는 게 바로 이것이다.

'20대 초반에 사랑해줬던 남자는 앞으로 다시는 만나지 못한다고 생각해라.'

물론 연애 초반에는 그와 비슷하게 해줄 수 있겠지만 시간이 지나면 지날수록 남자는 자기 여자에게 이해와 헌신을 바랄 뿐이다.

"무슨 연애 에세이 작가가 여자한테 이해와 헌신을 가르치려고 합니까?"

이렇게 항의하는 여자들의 목소리가 들리는 것 같다. 그런데 내가 말하려는 것은 남자한테 무조건 헌신하라는 게 아니다. 사소한 것에 투정을 부리고 화를 내지 말라는 것일 뿐이다.

아주 간단한 예를 들어서 오늘 만나기로 했는데, 그가 연락이 없다 치자. 이때 그냥 당신이 먼저 연락을 하면 되는 것을 왜 복잡하게 생각하는 것인가?

"어떻게 나한테 그럴 수 있어?"

이렇게 말하면서 사람을 닦달하지 말란 말이다. 어떻게 자존심 상하게 여자가 먼저 연락을 하느냐고 말하고 싶은가? 그런 고정관념을 버리라 이 말이다. 그리고 머릿속에 저당 잡혀 있는 그 옛 남자에 대한 비교도 더 이상 하지 말라 이 말이다.

"예전에는 안 그랬단 말이에요. 이제 나를 사랑하지 않는 거 아닌가요?"

이렇게 말하는 여자들에게 부탁한다.

어떻게 매번 가슴이 두근거리고 설레고, 당신 생각밖에 안 하고 그럴 수가 있겠는가. 연애한 지 1년 정도 지나면 서로 편안한 사람이 되어주는 게 최고다. 먼저 연락하면 되는 간단한 문제를 복잡하게 해석하는 당신이라는 여자가 더 문제라는 것을 인정하기를 바란다.

| 2악장 |

매력적인 남녀는 눈빛부터 다르다

매력적인
남자의 조건

PLAY 거울을 보는 남자가 되자

먼저, 혹시 당신은 안경을 쓰고 있는가? 만약 눈이 많이 나빠서 안경을 쓰고 있다면 렌즈를 끼고 어울리는 안경을 찾아서 끼라고 권하고 싶다. 왜? 도수가 너무 높은 안경을 끼면 눈이 심하게 작아 보이기 때문이다. 심지어는 탁해 보이기까지도 하다. 여자들은 쌍꺼풀이 진하고 눈이 큰 남자도 별로 안 좋아하지만 작은 눈은 더욱 안 좋아한다. 그러니 굵은 안경알을 쓰고 있는 남자들은 안경알만 바꾸어도 얼굴에 큰 변화를 줄 수 있다. 여기서 또 한 가지 중요한 건 안경테이다. 웬만하면 브랜드가 있는 안경테를 선택해라. 괜히 명품이 아니다. 안경테가 부러지지 않는 이상 렌즈만 바꿔서 끼면 평생 쓸 수 있는 것이 명품의 장점이다. 또 한 가지는 뿔테 안경이 유행한다고 뿔테 안경을 쓴다거나, 동그란 모양의 테가 유행한다고 그걸 쓴다거나, 어떤 유명 연예인이 썼다고 해서 똑같은 걸 쓴다거나 하지 말라는 것이다. 자신에게 어울리는 안경테를 찾기 위해 최소한 10개 이상의 다양한 디자인과 브랜드의 안경테를 착용해보고 주변 사람들의 반응을 살피는 것이 좋다.

그다음으로 헤어스타일이 너무나 중요하다. 자, 남자들이여 다 달이 어디서 머리를 자르고 있는가? 자신의 스타일을 잘 이해하고 손질해주는 전용 헤어숍, 전용 헤어 디자이너가 있는가? 없다면 문제가 있다는 것이다. 남자의 얼굴에서 가장 중요한 것이 바로 헤어스타일이다. 이것에 따라 표정이나 인상, 성격까지 달라진다. 쉬운 예로 영화 〈아저씨〉에서 원빈을 생각해봐라. 머리가 길던 때의 캐릭터와 짧게 자른 이후의 캐릭터가 얼마나 다르던가? 〈군도〉라는 영화에서 하정우의 헤어스타일을 봐라. 〈러브픽션〉에서 장발을 했던 그의 애교스러운 캐릭터와 얼마나 다르던가? 쉽게 생각을 하자. 주변에 스타일이 좋거나, 외모에 투자를 많이 하는 여자들에게 어느 미용실에 다니는지를 물어봐라. 그리고 그 여자의 이름을 팔아서 예약을 해라. 왜 이렇게 하는 것이 좋을까? 당신이라는 남자의 머리가 잘되어야 기존의 손님도 안 놓치기 때문에 그 헤어 디자이너는 당신의 머리에 최선을 다할 확률이 높다. 그저 인터넷에 비싼 곳, 좋은 곳이라고 올라 있는 말만 믿고 간다면 그런 대접을 받을 수 있을 것 같은가? 그렇지가 않다는 것이다. 그리고 또 한 가지. 미용실에 가서 이렇게 말하는 사람들이 있다.

"그냥 알아서 잘 잘라주세요."

이게 무슨 말인 줄 아는가?

"그냥 니 편한 대로 잘라주세요"라는 말이랑 똑같다. 이게 제일 바보 같은 사람이라는 거다. 미장원에 가면 헤어스타일북이라는 게 있는데 요즘에는 남자의 헤어스타일도 굉장히 다양하게 정리되어 있다. 그 책을 뒤져보고 자신에게 가장 어울리는 스타일이 뭔지 고민해봐라. 그리고 몇 개의 스타일을 골라 헤어 디자이너의 의견을 물어봐라. 당신과 가장 잘 어울리는 스타일이 뭔지를 말이다. 분명 당신에게 도움이 되는 조언을 해줄 것이다.

그리고 마지막으로 남자들이여, 옷을 입는다는 게 도대체 뭐라고 생각하는가? 혹시 당신이라는 남자가 옷을 입는다는 것을 비와 바람으로부터 몸을 보호하는 것, 몸의 은밀한 부분을 가려주는 것 정도로만 생각하고 있는가? 만약 그렇게 생각하고 있다면 그 생각부터 고치라고 말해주고 싶다.

옷은 당신이란 사람의 캐릭터를 드러내주는 도구이다. 어떤 장소에 어떤 옷을 입고 가느냐에 따라 성패를 좌우할 정도로 중요한 도구로 작용하기도 한다. 그렇다면 옷을 잘 입기 위해서 어떤 점을 알아둬야 할까? 우선 자기 자신한테 맞는 색깔을 잘 찾아야 한다. 참고로 나의 경우에는 검은색보다 흰색이 더 잘 어울리고, 흰색보다는 회색이 더 잘 어울리고, 회색보다는 빨간색이나 파란색이 더 잘 어울린다. 이것을 어떻게 알았을까? 이미지 컨설팅을 하시는 분들이 있는데, 그분들이 가장 먼저 하는 것이 피부색이나 외모에 맞는 색을 찾아주는 일이다. 1회 상담만으로도 충분히 자기한테 맞는 색깔을 찾을 수 있으니까 한 번쯤은 이용해볼 만하다. 만약 그렇게까지 하기 쉽지 않다면 옷 잘 입는 친구에게 적극적으로 부탁해보자. 그렇게 해서 자신에게 잘 어울리는 색을 찾았다면 어떻게 해야 되는 것일까? 그다음으로는 자기 수준에 맞는 브랜드를 선택해야 한다. 물론 명품 입는 남자를 싫어하는 여자는 없다. 문제는 그 명품을 어떤 남자가 입었느냐에 달려 있을 것이다. 만약 전지현이 에르메스 벌킨백을 들고 있다고 하자. 누구나 진품이라고, 역시 폼 난다고 생각할 것이다. 그런데 월급이 300만 원도 안 되는 여자가 에르메스 벌킨백을 들고 다닌다면? 사람들이 뭐라 생각하겠는가? 좋게 말하면 '레플리카' 속되게 말하면 '짝퉁'을 들고 다닌다고 생각할 게 뻔하다.

　남자들의 경우에는 시계는 좋은 것을 차야 한다고들 생각하는데, 돈이 안 되니까 홍콩이나 중국에서 만들어놓은 짝퉁을 동대문이나 이태원에서 사거나 혹은 네이버 중고나라에서 구입하는 것을 봤는데, 도대체 한 달에 얼마나 번다고 손목에 1000만 원이 넘는 시계를 차고 다니려고 하는가? 그거 차고 다닌다고 해서 여자들이 당신을 연봉 몇 억 이상 버는 전문직 능력남으로 봐줄 것 같은가? 그렇게 짝퉁을 사서 차고 다니느니 자기 수준에 맞는 브랜드를 선택하는 것이 더 낫다. 왜? 그 편이 훨씬 진솔해 보이기 때문이다. 게다가 경제 관념이 있는 좋은 남자로까지 보인다.

한 가지 더 이야기하고 싶은 것이 있는데 옷은 가능하면 인터넷으로 사지 않기를 바란다. 뭘 입어도 어울리고 비율이 좋아 보이는 남자들이라면 어디서 사든 상관이 없다. 하지만 그런 준수한 외모의 남자가 아니라면 단골 가게를 두 군데 정도 정해놓고 그곳에서 옷을 마음껏 입어볼 수 있을 정도로 주인과 친해지기를 권한다. 내가 남자들에게 자주 하는 이야기가 있는데, 자신의 다리길이, 허리둘레, 가슴둘레를 기억하고 있는가 하는 것이다. 이런 수치를 어느 정도 기억한다면 인터넷으로 구입을 해도 된다고 본다.

그리고 또 한 가지를 덧붙이자면 옷을 살 때, 바지 하나, 티셔츠 하나, 아우터 하나 이런 식으로 따로따로 구입하지 마라. 당신이 패션에 일가견이 있다면 모를까 그게 아니라면 실패할 확률이 높다. 어울리는 옷을 한꺼번에 사는 것이 가장 좋다. 실제로 같은 흰색, 검은색도 원단에 따라 색깔이 다르다. 집에 있는 그 색깔의 옷과 어울릴 것 같아서 샀지만 막상 받쳐 입어보면 어울리지 않는 경우도 꽤 많다.

마지막으로 자기 소득의 10~30% 정도는 옷, 신발, 액세서리 등 외모를 가꾸는 데 사용할 줄 아는 남자가 되어보라는 말을 꼭 하고 싶다.

차라리 순진남이 되어라

한창 유행했던 픽업아티스트의 카페나 홈페이지에 들어가보면 과장된 작업의 무용담들이 올라와 있다. 그리고 그 글의 아래에는 그곳의 회원들이나 지인들이 남긴 칭찬의 댓글들이 달려 있다. 이런 글을 보면서 혹하는 마음이 드는가? 하지만 남자들이여, 그런 남자들을 부러워하지 마라. 한때 그렇게 살아본 사람으로서 말하는데 그것은 자랑할 만한 일이 아니라 부끄러워해야 할 일일 뿐이다. 솔직히 이야기해서 나의 경우에도 가장 빨리는 이야기를 나눈 지 한 시간 반 만에 잠자리까지 허락받은 여자도 있었다. 그런데 과연 그것이 좋은 일일까? 그만큼 나는 그녀와 싸구려 연애 놀음을 했던 것이다. 빨리 유혹해서 빨리 자고, 빨리 잊어버리는 싸구려 연애 말이다. 남자 입장에서는 무리하게 투자하지 않고도 여자와 연애할 수 있기를 또는 하룻밤 잘 수 있기를 바란다. 그 마음, 나도 남자이기 때문에 잘 알고 있다. 그런데 그와 똑같은 수법으로 어떤 여자를 유혹했는데 잘 통하지 않는다면? 게다가 그녀가 내가 진심으로 좋아하는 여자라면? 그때는 어떻게 할 것인가? 핵심은 그것이다. 어차피 픽업아티스트의 수법에 넘어오는 여자들은 정해져 있다는 말이다. 그러니 남의 연애를 흉내 내는 것은 그저 처음 몇 번에 족하다. 자꾸 픽업아티스트가 시키는 대로만 따라 해서 쉽게 쉽게 넘어오는 여자를 만나게 되면 여자라는 대상 자체를 쉽게 생각하게 된다. 그리고 그런 방법을 써서 넘어오지 않는 여자를 만났을 때는 멘붕에 빠진다. 왜? 흉내만 내고 자신만의 연애를 하지 않았기 때문이다. 아무리 다시 정신을 차리고 잘하려고 노력해도 그 여자가 내 간을 보는 것 같고, 나를 어장관리하는 것 같아 기분이 우울해진다.

'내가 여태 돈을 얼마나 썼는데……. 어떻게 나한테 이럴 수 있지?'

'내가 지금 몇 년 만에 진심으로 대하고 있는데…….'

이런 생각에 빠져 있다가 결국 그녀를 포기하게 된다. 그런데 한번 생각해봐라. 당신이라는 남자가 원하는 여자는 '다른 누구도 아닌' 그녀일 것이다. 그녀는 당신이 이전에 쉽게 쉽게 만났던 여자들과는 다를 것이다. 그것은 확실하지 않은가?

그런데 그런 그녀를 내 사람으로 만들지 못하고 포기하고 나면 그녀에 대한 환상만이 내 기억 속에 남을 것이다. 아무리 쉽게 꼬실 수 있는 다른 여자들을 만나도 마음은 다 채워지지 않는다. 무슨 말인 줄 알겠는가?

그렇기 때문에 당신이라는 남자에게 나는 이렇게 권하고 싶다. 당신이 진짜 좋아하는 여자가 생겼다면 진지해지라고. 그냥 욕심부리지 말고 두세 달 정도는 만나서 데이트만 해봐라. 손잡는 것 외에 다른 스킨십은 하지 말고 그냥 그녀에게 노력이라는 것을 해봐라.

요즘에는 오히려 그런 순수한 접근이 여자들에게 먹힌다. 왜인 줄 아는가? 요즘에는 30대 괜찮은 직업을 가진 남자들이나 나쁜 남자들 중, 여자에게 노력하지 않고 거저먹으려는 유형들이 너무나도 많이 생겨났기 때문이다. 그러니 괜찮은 여자들 사이에서는 '진국 같은 남자' 찾기 열풍이 일고 있는 것이다. 그리고 그렇게 내세울 만한 외모도 아니고 잘난 것도 아니면서 픽업아티스트의 기술들을 사용하지 마라. 내가 아는 어떤 여자가 그런 말을 하더라.

"진짜 면상에 대놓고 물 뿌리고 싶다라니까."

그러니, 차라리 그냥 착해져라. 지금은 순수함과 순진함이 오히려 더 잘 먹히는 시대이다.

감정에 솔직해져라

나는 누구보다 솔직한 편이다. 특히 나의 감정에 대해서는 그냥 대놓고 말을 하는 편이다.

어떨 때는 그것이 예의에 어긋나는 행동이 되기도 하지만, 어떨 때는 큰 용기가 필요한 일이기도 하다. 나는 이것을 '남자의 자신감'이라고 표현하고 싶다. 나는 지금까지 살아오면서 좋아하는 여자를 만나면 한 번도 빠트리지 않고 솔직하게 나의 과거에 대해서 이야기를 했다. 여자를 몇 명이나 사귀었는지까지 솔직하게 말했음은 물론이다.

"여자 많이 만나본 남자가 나와서 죄송합니다."

소개팅이나 맞선에 나가서도 이렇게 이야기를 했다. 왜 그렇게 하겠는가? 솔직하게 말하는 것이 오히려 여자들에게 남자의 자신감과 여유를 보여줄 수가 있기 때문이다. 그리고 여자로부터 궁금증까지 유발할 수 있다.

'도대체 저 남자는 뭔데 저렇게 솔직하고 자신만만하지?'

그리고 만약 두 사람이 연인으로 발전해도 이런 점은 더욱 빛을 발할 수 있다. 대부분의 여자들은 남자의 거짓말에 속아본 경험이 다분하다. 과장과 허풍도 거짓말에 속한다면 백이면 백 남자의 거짓말에 놀아난 경험을 갖고 있는 것이다. 남자의 거짓말 때문에 여자는 실망을 하게 되고 그 일이 반복되면 두 사람 사이의 신뢰는 증발하고 만다. 그런데 남자가 자신의 콤플렉스를 드러내놓고 말할 줄 안다면? 여자는 오히려 그런 남자의 말이라면 믿을 수 있겠다고 생각한다. 또 여자와 사귄 이후 서로 의견이 달라서 불협화음이 생길 때, 자기감정에 대해서 솔직히 말할 줄 알아야 한다.

"예전처럼은 사랑하지 않는 것 같아."

"지금 나의 기분이 어떤지 모르겠어."

"헤어지고 싶은 생각은 없는데, 조금 시간을 줄래?"

"나는 너의 이러이러한 부분이 섭섭했어."

"자기가 이런 부분을 조금 알아주었으면 좋겠어."

예전에는 무뚝뚝하고 자기감정을 절제하는 것이 남자의 미덕이었지만, 지금은 그런 시대가 아니다. 자신이 느끼는 현재 상황이나 기분 등을 솔직하게 말해야 한다. 그러면 상대방 여자도 그것을 받아들이고 서로 고쳐 나갈지, 아니면 끝내야 할지 결정할 수가 있는 것이다. 괜히 질질 끄는 것은 여자에 대한 예의가 아니다. 내가 왜 이런 말을 하는 줄 아는가?

헤어지고 나서 많은 여자들이 전 남자 친구에게 복수를 하고 싶다고 말한다. 그 이유가 바로 감정을 숨기고 자신을 이용했다고 생각하기 때문이다. 그것도 오래전부터 자신을 속였다는 생각이 드니까 화가 치미는 것이다. 그런 남자의 마음을 모르고 이해하고 양보하기 위해 노력했던 자기 자신이 한심하다는 생각이 들기 때문이다.

매력적인
여자의 조건

PLAY 눈앞에 보이는 단점부터 바꾸기 위해 노력하라

 이번 책을 준비하면서 절대로 더 이상 하지 말자고 마음먹은 것이 하나 있는데, 그것은 바로 여자의 외모에 대해서 말을 하지 말자는 것이었다. 그런데 어쩔 수 없이 이야기는 하고 넘어가야겠다.

　얼굴 예쁘고 몸매 좋은 여자 ＝ 매력적인 여자

　아무리 이런 공식이 말도 안 된다고 생각해도, 현실은 현실인 것이다. 나는 여자들로부터 상담 메일을 받으면, 항상 키와 몸무게를 적으라고 한다. 그리고 가능하면 본인의 사진까지 첨부해서 보내라고 한다. 그런 메일이 1년 동안 쌓이면 1만 건이 훌쩍 넘는다. 그런데 그렇게 사진을 받아보면 그 여자가 보낸 사연들과 공교롭게도 연결이 되는 것을 알 수 있다. 만약 짝사랑을 하고 있거나, 좋아하는 남자에게 개무시를 당하거나 혹은 이용당하고 있는 경우, 사연의 주인공에게 사진을 보내달라고 해서 확인을 해보면 영락없이 그 주인공은 여자로서의 매력을 느낄 수 없는 사람이라 이 말이다. 스물다섯 살이 넘었는데 모태솔로인 경우, 소개팅이나 맞선에 나갔는데 애프터 신청을 못 받는 경우, 흐지부지 끝나는 경우, 사귀어도 한 달 만에 '먹튀'를 당하는 경우 등등의 주인공들도 마찬가지이다. 그런데 여기서 진짜 문제점이 무엇인 줄 아는가? 이런 여자일수록 자기 자신한테 관대하다는 것이다.

160센티미터에 60킬로그램이 나가면서 어떻게 '저는 귀엽고 통통한 편이에요'라고 표현할 수가 있는가? '뚱뚱한 편이죠'라고 왜 인정을 안 하는가? 솔직히 남자에게 뚱뚱한 여자는 여자 취급도 못 받는다. 정말 '찐따' 같은 남자, 찌질한 남자들한테밖에 애프터 신청을 못 받는다. 당신이라는 여자의 외모가 딱 그 수준밖에 안 되는 것이다. 왜 이렇게 심하게 말하는 줄 아는가? 좋게 이야기를 해주면 절대로 바꾸려고 노력하지 않기 때문이다. 자기 자신의 외모에 대해서 객관적으로 평가할 줄 알아야 한다는 게 핵심이다. 솔직히 자기 단점이 뭔지는 스스로가 가장 잘 알고 있지 않은가? 그렇다면 그것을 개선 내지는 커버하기 위해 노력이라는 것을 해야 할 것이 아닌가! 얼굴이 못생겼는데 돈이 있다면 성형수술이라도 하라 이 말이다. 성형수술이 어렵다면 단점을 커버하고 자기를 꾸미기라도 하란 말이다. 몸이 뚱뚱하면 살을 빼야 할 것이 아닌가.

'저는 물만 먹어도 살이 찌는 체질이라서 어쩔 수가 없어요.'

백번 장담하는데 거짓말이다. 먹는 것을 좋아하고 운동하는 것을 싫어하니까 살이 찌는 거 아닌가. 뚱뚱한 사람들한테 나는 솔직히 대놓고 지방 흡입 수술이라도 받으라고 권한다. 위절제술이라도 받으라고 권한다. 그렇게 말을 해야 충격이라도 받는다. 그리고 사실 나는 이런 수술을 반대하지 않는다. 아무리 사람들이 나를 '미친놈', '또라이'라고 욕해도 어쩔 수가 없다. 나는 이렇게 이야기를 하고 싶다. 만약 이 책을 읽고 단 한 명이라도 자기 자신에 대해서 객관적인 판단을 할 수 있게 된다면, 그리고 스스로를 바꾸기 위해 노력하기 시작한다면, 그것으로 나에 대한 모든 비난을 감수할 것이다.

▶ 칭찬은 남자의 가슴을 뛰게 한다

사회생활을 하다 보면 어쩔 수 없이 잘 보여야 하는 사람이 있게 마련이고, 그 사람과 대화를 하다 보면 빈말 아닌 빈말을 하게 되는 경우가 많이 있다. 자, 그것과 똑같다고 생각해봐라. 그 남자를 내 사람으로 만들려고 당신이라는 여자는 어떤 멘트를 사용하고 있는가?

"식사들 맛있게 하세요."

"주말 잘 보내세요."

이런 인사치레성 멘트 외에 당신이 구사하는 칭찬의 말은 어떤 것인가? 그 사람이 옷을 잘 입었을 때 "어머, 오늘 정말 괜찮아요"라고 말해준다고 해서, 남자 친구가 선물을 사줬을 때, "자기야, 오늘 정말 감동이었어. 짱짱짱~"이라고 한다고 해서, 그게 그 남자의 가슴을 뛰게 할 수 있을까? 남자의 가슴을 뛰게 하는 멘트는 따로 있다. 바로 그 사람 본연의 본성이나 특징 등을 콕 집어서 칭찬해야 한다. 그리고 그가 그 어떤 여자한테서도 들을 수 없었던 단어를 골라 써야 한다. 즉 '자랑스럽다', '훌륭하다', '존경스럽다' 같은 단어들이 적격이다. 쉽게 예를 들어보자.

"○○ 씨는 정말 훌륭한 사람인 것 같아요."

"이런 것도 오빠가 할 줄 알다니, 내가 오빠 여자 친구인 게 자랑스러워."

"자기가 나한테 하나하나 이렇게 가르쳐줄 때마다 자기에 대한 존경심이 생겨나는 거 있지."

또 '멋있다'라는 단어도 평범하게 사용하면 안 된다.

"○○ 씨는 어쩜 그렇게 화를 내도 멋있어요?"

"자기처럼 멋있는 남자가 살아 있으니까, 이 지구가 아름다운 건가 봐."

이런 식으로 응용해서 써야 가슴 뛰는 멘트가 되는 것이다. 그 외에도 '따뜻한 사람이다', '참 좋은 사람이다' 등등 여러 멘트가 있을 텐데, 그 사람에게 딱 맞는 멘트가 뭔지를 고민해보고 응용해서 사용할 줄 알아야 한다. 여기서 내 경험담을 하나 이야기해보겠다. 나는 길을 가다 구걸하는 사람을 보면 꼭 몇 천 원이라도 주는 편인데, 한번은 옆에 있던 여자 친구가 그런 나를 보더니 내 손을 꼭 잡으면서 이렇게 말하는 것이었다.

"오빠는 참 마음이 따뜻한 사람이야. 이러니 내가 오빠를 존경하지 않을 수가 없잖아."

이 말에 나는 "무슨 존경씩이나 해. 그냥 불쌍해서 주는 건데"라고 쿨하게 대응했지만 사실 마음속에서는 그녀에 대한 사랑의 감정이 쓰나미처럼 밀려왔다. 예전에 옆에 있던 어떤 여자 친구로부터는 이런 말을 들은 적도 있었다.

"오빠, 돈을 왜 줘요! 저런 사람들한테 돈 주면 맨날 저렇게 살아요!"

물론 그녀의 말이 맞을 수도 있다. 하지만 그냥 그 사람이 가여워서 몇 천 원 건네준 행동에 이런 멘트로 꼭 초를 쳐야겠는가? 아무리 옳은 말도 그 남자의 마음을 뛰게 하기는커녕 언짢게 하면 안 하느니만 못 하다는 것을 기억하기를 바란다.

베푸는 여자 앞에 장사 없다

나는 전형적인 육식남에 마초남, 가부장적 사고방식을 갖고 있는 보수적인 남자다. 데이트를 하면서도 여자가 돈 쓰는 것을 보지 못하는 성격임은 물론이다. 그런데 이런 나도 요즘에 생각이 많아졌다. 여자가 먼저 나서서 나에게 베풀면 마음에 와 닿을 수밖에 없는 것이다. 마치 하늘에서 선녀가 내려와 나의 손을 잡아주는 느낌이라고나 할까? 나뿐만 아니라, 요즘 남자들이 다 그렇다. 남자들이 이렇듯 계산적으로 변한 이유는 뭘까? 이유는 간단하다. 여자들이 예전에 비해 영악해졌기 때문이다. 그래서인지 요즘 남자들에게 물어보면 어장관리를 안 당해본 사람이 없다. 연애 몇 번 해본 남자치고 괜찮은 여자에게 올인하다가 뒷북 맞아본 경험이 없는 사람이 없다는 것이다. 그러니 정말 여러모로 괜찮은 여자를 만나도 남자는 불안할 수밖에 없다. 괜찮은 남자들도 그러할진대 하물며 그저 그런 남자들은 어쩌겠는가? 여자가 데이트 비용의 대부분을 남자에게 의지하면 '이 여자 혹시 먹튀하는 거 아냐?' 하는 의심을 안 할 수가 없게 된다. 또 서로 진심으로 좋아하는 사이였다고 해도 이런저런 이유가 생겨 헤어지고 나면 그 여자에게 투자한 돈이 아깝다는 생각이 들 수밖에 없다. 그러니 얻어먹으려고만 하면 안 된다. 데이트 비용에 대한 수치를 정해보면, 사귀기 전에는 8 대 2 정도, 사귄 후에 두세 달 동안은 7 대 3 정도, 그 이후로는 6 대 4 정도가 적당하다는 게 내 생각이다. 그렇다면 선물에 관해서는 어떻게 해야 될까?

여기서는 내 경험담을 하나 들려주고 싶다. 예전에 사귀던 여자 친구의 생일날, 그녀에게 명품 백을 하나 사주려고 같이 백화점에 가서 C사 매장에 들어갔다. 보통 이때 여자 친구의 반응은 뻔하다. 하트가 뿅뿅 쏟아질 것 같은 눈으로 이것저것 다 골라보고 내 앞에서 들어도 보면서 패션쇼를 한다. 그리고 나서 결제를 해주면 내 몸에 딱 달라붙어서 떨어지지 않으려고 할 만큼 나에 대한 애정이 넘쳐흐르게 된다. 그런데 그때 사귀던 여자 친구는 매장에서 이것저것 둘러보더니, 나가자고 말했다. 표정이 별로 좋아 보이지도 않았다.

'와…… 이 여자가 제대로 뽕을 뽑으려고 하나? C사가 성에 안 차면 H사인데…….'

나는 속으로 살짝 이런 걱정을 하고 있었다. 그런데 커피숍으로 가자고 한 그녀가 이렇게 말하는 것이었다.

"오빠, 그 매장에서 내가 가격표를 봤는데……. 나는 오빠한테 그 정도로 비싼 거 선물 못 해줘요. 아무리 맘에 들어도 그건 아닌 것 같아."

그래서 나는 이렇게 말했다.

"너는 왜 꼭 그렇게 생각을 하니? 내가 그냥 너한테 사주고 싶어서 그러는 거니까 다른 생각은 하지 마. 나 그렇게 계산적인 사람 아냐."

그랬더니 그녀가 이렇게 말하는 것이었다.

"오빠 마음은 잘 알겠어요. 생일 선물을 안 받겠다는 게 아니야.

단지 내가 감당할 수 있는 선물을 해줬으면 좋겠어. 이번에는 오빠가 내 의견을 따라줬으면 해."

이 자리에서 고하노니, 남자들이여, 만약 이런 여자를 발견하면 만세 삼창을 하고 절대 놓치지 마라. 그래도 될 만큼 요즘에 이런 여자 만나기 쉽지 않다는 것을 장담하는 바이다. 여자들이 나에게 가장 많이 묻는 질문이 있다. 바로 "그 남자한테 특별한 여자로 보일 수 있는 방법이 없을까요?"라는 질문이다. 그 답을 방금 나는 이야기해줬으니 알아서 하기를 바란다.

완벽한 남자에 대한 판타지를 버려라

한 남자가 있다. 어떤 여자한테 생일 선물로 100만 원짜리를 해주었다. 반면에 다른 어떤 여자에게는 10만 원짜리를, 또 어떤 여자에게는 1만 원짜리를 해주었다.

그런데 당신이 그 남자와 사귀게 되었다면 얼마짜리 선물을 받고 싶겠는가? 당연히 100만 원짜리 선물이라고 답할 것이다. 그가 전에 사귀던 여자 친구에게 얼마짜리 선물을 해주었는지 모르는 상태일지라도 마찬가지일 것이다. 그런데 그 남자는 당신에게 10만 원짜리 선물을 해줬다. 부족하다고 느끼는가? 그 남자는 100만 원짜리 선물을 해줄 수도 있는데 당신에게 10만 원밖에 쓰지 않았다는 사실에 울분이 치밀어 오르는가? 흔히 여자들이 남자들에게 '철 좀 들었으면 좋겠다'고 이야기들을 한다. 그런데 나는 이렇게 말하고 싶다. 이런 일에 화를 내고 짜증을 내는 여자들은 그런 말을 할 자격이 없다. 이런 일에 그 남자의 사랑을 의심하는 여자들은 더욱더 자격이 없다. 왜? 슬픔은 욕망의 찌꺼기라는 말이 있다. 당신이라는 여자가 욕심을 부리니까, 만족을 못 하고 슬프고 화가 나는 것이 아닌가! 100만 원짜리 선물을 받았다고 해서 만족할 수 있을 것 같은가? 그때는 200만 원, 300만 원짜리 선물을 받은 여자들이 생각날 것이다.

그와 마찬가지이다. 어떤 남자와 사귀고 있는데 그의 성격이 다정다감하지가 않아서 불만이다. 당신에게 연락을 자주 하지도 않아서 또 불만이다. 그런데 그 남자가 막상 만나면 돈도 잘 쓰고 선물도 좋은 걸로 잘 사준다. 그러면 그 장점을 보고 만족하라는 것이다.

'연락도 더 자주 하고 나한테 더 다정다감했으면 좋겠는데…….'
이런 생각은 욕심, 바로 완벽한 남자를 찾으려는 욕심이란 말이다. 지금 당신이 받고 있는 그것조차 하지 않는 남자들이 세상에 얼마나 많은가! 당신도 여기저기서 듣는 이야기가 있을 것이 아닌가!

나의 경우를 예로 들어보겠다. 나에게는 지금 3년 넘게 사귀고 있는 여자 친구가 있다. 그녀는 나와 만나면서 한 번도 자기 돈으로 옷을 사본 적이 없다. 전부 내가 사주었다. 그리고 여자 친구가 살고 있는 집 월세도 내가 꼬박꼬박 내고 있다. 내가 이런 이야기를 하면 주변 여자들이 이구동성으로 말한다.

"오빠 같은 남자 진짜 없어요."

내가 이렇게 하는 이유가 무엇이겠는가? 그녀를 사랑하기 때문에? 물론 그것도 중요한 이유이다. 하지만 단지 그 이유 하나 때문이 아니다. 나의 여자 친구는 정말 상상도 하지 못할 이해와 헌신을 나에게 베풀어주고 있다. 남자들이 그렇게 바보가 아니다. 아무리 서로 사랑하는 사이더라도 뭔가를 해줄 때는 서로에게 바라는 만큼의 것을 해줘야 한다는 걸 알고 있다는 것이다. 그러니 100만 원짜리, 1000만 원짜리 선물을 받는 여자는 그만큼의 대가를 치르고 있다는 걸 알아야 한다. 10만 원짜리, 1만 원짜리 선물을 주는 남자이더라도, 100만 원짜리를 해주는 남자가 줄 수 없는 뭔가를 해주는 남자라면, 그가 당신에게는 '최고의 남자'라는 사실을 기억하기를 바란다.

지성은 미모보다 유통기한이 길다

성형수술이 너무나 대중화되어버린 지금 지하철만 타도 예쁜 여자들이 너무나 많다는 걸 알 수 있다. 몸매 좋은 여자들도 수두룩하다.

그리고 외모만으로는 오랫동안 매력을 어필할 수 없다는 사실, 누구나 다 인정할 것이다. 얼굴, 몸매 같은 것은 시간이 지나면 다 질리게 마련이고 똑같아 보이게 마련이다. 천하의 영웅 줄리어스 시저를 쥐고 흔든 클레오파트라가 절세미인이 아니었다는 것은, 알 만한 사람들은 다 알고 있다. 그녀의 무기는 외모보다는 지식과 통찰력이었다. 그렇다면 무엇을 해야 되겠는가? 어떤 남자와 대화해도 꿀리지 않을 정도의 지식과 상식을 갖추는 게 좋다는 말이다. 상대방 남자가 정치나 시사 상식 혹은 스포츠에 대해서 이야기하는데 당신이 그것을 너무 못 알아들으면 그는 금방 당신에게 흥미를 잃을 것이다. 대통령 이름은 다 알 것이고, 국무총리, 대통령의 측근들, 여당·야당 원내 대표들, 각 당 대표들의 이름이나 성향 등은 기본적으로 알아야 한다. 아고라, 오유에서는 왜 박정희와 박근혜를 욕하는지, 일베에서는 왜 김대중과 노무현을 욕하는지, 그 양쪽의 이야기를 다 들어보고 균형적으로 알아두면 좋겠다. 그리고 스포츠에 대해서 말하자면 700만 관중이 있다고 하는 야구에 대해서는 좀 알아두라고 말하고 싶다. 그리고 잘생긴 남자 선수 때문에 야구 좋아하는 여자들이 있는데, 제발 그러지 좀 마라. 예전에 이대형 때문에 LG 팬이라는 말을 하기에 이해가 되지 않았는데, 그렇게 말하던 여자들이 이제 기아를 응원하고 있으니……. 야구를 진짜 안다면 외모보다는 실력을 보고 선수를 좋아할 줄 알아야 하는 게 아니겠는가? 그리고 스키, 스노보드, 스킨스쿠버, 수상스키 등의 스포츠에 취미를 갖거나 혹은 경험이라도 해보기를 바란다. 요즘에는 초식남들이 많아서 이런 스포츠를 함께 즐길 수 있는 여자를 선호한다.

나는 종종 웨이크보드를 타곤 하는데, 그때마다 가장 부러운 것이 함께 즐기러 온 남녀 커플들이다. 물론 스포츠를 무서워할 수도 있고, 싫어할 수도 있다. 하지만 시도해보려는 의지가 중요하다. 그 의지를 속으로만 생각하지 말고 밖으로 표출하는 게 중요하다.

| 3악장 |

요즘 남자, 요즘 여자,
무엇이 달라졌나?

시대가 바뀌면 변화에 따라 법도 바뀌듯이, 연애와 결혼에 대한 풍속도 바뀐다. 존 그레이의 『화성에서 온 남자, 금성에서 온 여자』가 1990년대에 출간되어 남녀 관계에 센세이션을 불러일으킨 이후 지금까지도 꾸준히 필독서로 자리잡고 있지만, 사실 연애에 관한 흐름은 점점 바뀌고 있다.

"요즘 남자, 여자는 좀 이상한 것 같아요."

연애 상담을 요청하는 사람들로부터 종종 이런 말을 듣곤 하는데, 여기서 '이상하다'는 표현은 진짜 이상하다는 말이 아니라 더 이상 우리가 알고 있던 기존의 연애 법칙이 통하지 않는다는 말일 것이다. 그런데 이것은 단기적인 현상일까? 나는 아니라고 본다. 앞으로 남녀의 연애와 결혼 풍속도는 더 급속도로 바뀔 것이고 그에 따라 새로운 남녀 연애 심리서들이 나올 것이라 예측해본다. 자, 여기서는 2014년 요즘 남자들, 요즘 여자들의 새로운 연애와 결혼 트렌드에 대해 짚고 넘어가보자.

요즘 남자는 실속파다

요즘 남자들의 연애

요즘 여자들이 흔히 하는 볼멘소리가 몇 가지 있는데 바로 이런 것들이다.

"요즘 남자들은 먼저 적극적으로 대시하지 않아요."

"요즘 남자들은 스킨십을 너무 빨리 하려고 해요. 그리고 여자에 대한 책임감 같은 게 너무 없어요."

"요즘 커플들은 권태기가 너무 빨리 와요."

왜 이런 트렌드가 생긴 줄 아는가? 예전과는 달리 연애를 통해서도 효율성을 따지기 시작했기 때문이다. 이것을 다른 말로 하면 실속을 차리면서, 계산을 하면서 연애한다는 것이다. 왜 이렇게 변해 버린 것일까? 일단 남자가 여자를 대하는 시각이 변했다. 예전에는 여자를 보호의 대상으로 봤지만 현재는 동반자의 개념이 더 강해졌다. 게다가 90년대 이후부터는 딸이라고 해서 교육을 차별하는 문화는 거의 사라지기 시작했고 지금은 거의 없다고 봐도 무방할 정도가 되었다. 경제성장과 출산율 저하, 대학 진학률 80% 등등이 사회의 흐름인 것이다. 이것이 요즘 연애와 어떤 상관이 있다는 것일까?

대다수의 남자들이 스무 살 때부터 과 동기, 과 동문이라는 이름으로 여자들과 함께 생활하게 되었다는 말이다. 그러니 예전처럼 여자를 '신비로움의 대상', '보호해야 할 대상'으로 바라보는 시각이 현격하게 줄어들 수밖에 없다. 요즘 공무원 시험을 포함해서 각종 국가고시 시험 합격자의 남녀 비율을 찾아봐라. 여자의 비율이 남자의 그것을 훌쩍 뛰어넘은 사례가 부지기수다. 이것은 예전과는 확실히 달라진 트렌드이다. 10년 전만 해도 여자들은 대학을 나왔더라도 할 수 있는 일이 정해져 있었다. 취업을 하더라도 직장 생활 3년 정도가 지나면 결혼을 하고 퇴사를 하는 게 일반적이었다. 물론 지금도 대기업에서 부장급 이상의 임원들은 남자들이 차지하는 게 일반적이지만 그 자리는 일부 소수에게만 한정되어 있고 나머지 대다수의 남자들은 과장이나 팀장급으로 승진하기 위해서 여자들과 끊임없이 경쟁을 해야 한다. 또한 예전에는 대놓고 여자들의 임금이 남자들보다 적어도 아무렇지도 않은 분위기였지만 지금 그렇게 했다가는 그 회사는 살아남지 못할 것이다. 이 모든 것이 무엇을 말하고 있는 것인가? 한마디로 여자들도 남자들만큼 공부를 했고, 돈도 그만큼 벌고 있다는 말이다. 이것이 바로 70~80년대와 다를 수밖에 없는 환경이다. 그 시절에는 중화학 공업이 비약적인 발전을 했고 남자들의 일자리가 폭발적으로 늘었다. 그에 따라 남녀 간의 임금 격차도 컸다. 그러니 당연히 데이트 비용도 남자들의 전유물이라는 인식이 있었던 것이다. 그런데 지금은 여자들도 남자들 못지않게 벌고 있는데, 데이트 비용만을 부담해준다고 해서 여자들의 환심을 살 수 있을까? 그렇지 않다는 것이다. 또 돈을 써서 환심을 사려고 노력한다고 해도 여자들에게 이용만 당하는 남자들이 많다는 것이다. 나름대로 적극적으로 대시하고, 돈도 써보았지만 실제로는 상대 여자의 어장관리 대상일 뿐이었다고 말하는 남자들이 요즘에 얼마나 많은 줄 아는가?

'그렇게 시간 낭비할 바에야 내 취미 생활에나 투자할걸······.'

이런 생각을 하게 된다는 말이다. 그러다 보니 연애보다는 자기 취미 생활에 에너지를 쏟는 남자들이 많이 생겨난 것이다. 그러니 소개팅이나 맞선도 좋지만 동호회나 봉사 단체, 취미 생활 단체를 찾아가 마음에 맞는 남자를 만나는 것이 훨씬 더 좋다고 권하고 싶다. 왜냐하면 그곳에는 소개팅이나 맞선에 나오는 남자들보다 훨씬 괜찮은 남자들이 많기 포진돼 있기 때문이다. 바람둥이 남자들을 말하는 것이 아니다. 그런 유형의 남자들은 여자들이 많이 모여 있는 동호회에 나간다. 와인 동호회, 파티 동호회 같은 곳 말이다. 그들이 과연 와인을 좋아해서, 파티를 좋아해서 나가겠는가? 염불에는 맘이 없고 잿밥에만 정신이 팔려 있는 경우가 많다. 혹시 그런 마음이 없었던 남자더라도 그렇게 여자들이 많이 모여 있는 곳에 가면 흑심을 품게 되어 있다. 어떤 조직이든 분위기에 따라 사람들의 행동도 달라지게 마련이다. 너도 나도 다 그러고 있는데 나만 착하게 있을 필요가 없다는 생각을 하게 되어 있다. 하지만 수상스키, 스노보드, 악기, 댄스, 자전거, 애완동물, 봉사단체, 사회참여 단체 등등의 동호회는 성격이 다르다. 자신이 정말 그 분야를 좋아하지 않으면 이런 동호회에서 꾸준히 활동할 수가 없다. 그러니 이런 곳에서 정말 괜찮은 사람을 발견한다면 서로 자연스럽게 친해질 수도 있고 만약 연인이 된다 해도 오래갈 수가 있다(동호회에서 어떻게 해야 되는지는 전작 『30일 안에 내 사람 만들기』에서 이미 이야기한 바 있다).

그리고 개념녀가 되기 위해서 커피 값 정도는 내야 한다고 말한 바 있는데 지금은 그 정도만으로 부족하다. 왜? 시대가 더욱더 변했기 때문이다. 아까 말한 것처럼 남자에게 여자가 보호의 대상인 시대는 이미 지나가고 있기 때문이다. 남자들도 만약 상대 여자가 데이트 비용을 잘 쓰지 않으면 그것이 무슨 의미인지 알아차린다. 그래서 나는 여자들에게 이렇게 조언한다.

"그냥 제일 친한 친구 만날 때처럼 편안하게 행동하세요."

이것은 보여줄 것, 안 보여줄 것 가리지 않고 모든 것을 드러내라는 말이 아니다. 남녀 사이에 지켜야 할 것들은 다 지켜야 하지만 계산할 때는 거의 동등하게 하라는 말이다. 단 여기서 주의해야 할 점이 있는데 나중에 사귄 이후에 여자가 데이트 비용을 전부 대면서 남자를 만나는 미친 짓은 하지 말라는 것이다. 이런 짓은 절대 금물이다.

그리고 최근 나타나는 또 한 가지 새로운 트렌드를 말해주고 싶다. 자기 자신은 별로 보잘것없지만 집안이 괜찮은 남자들 중 상대방 여자가 자신의 조건을 보고 좋아한다는 느낌이 들 때, 이런 말을 한다고 한다.

"집안 형편이 갑자기 어려워졌어……."

이 말을 정확하게 해석할 줄 알아야 하는데 만약 권태기에 접어든 남자가 이런 말을 한다면 그것은 헤어지고 싶다는 뜻으로 알아들어야 한다. 그리고 권태기가 아닌데 남자가 이런 말을 한다면 여자가 정말 자신을 좋아하는지 궁금해서일 경우이다. 그때는 남자에게 확신을 주는 멘트를 해줘야 한다.

"오빠, 나는 오빠라는 사람 자체를 좋아한 거지, 집안 보고 좋아한 거 아니에요. 오빠 집안에 돈이 있든 말든 그런 건 나랑 상관없어요."

그리고 마지막으로 진짜 집안이 망했을 경우가 있는데, 만약 그럴 때는 어떻게 해야 하느냐고 나에게 묻는다면 결혼은 하지 말라고 말해주고 싶다. 요즘에는 한번 망하면 거의 회복이 불가능하기 때문이다. 그리고 바람둥이 남자들의 수법이 나날이 새로워지고 있는데 그중 몇 가지를 소개하자면 이렇다. 두 번 정도 만난 이후에 상대방 여자에게 사귈지, 안 사귈지를 언제까지 답변해달라고 한다거나 혹은 대놓고 함께 여행을 가자고 말을 한다. 이렇게 나온다면 바람둥이일 확률이 높다는 걸 알아둬야 한다. 최근에는 여름이나 겨울 휴가철에 맞춰서 여자에게 작업을 걸고 딱 그 시즌에만 사귀는 남자들도 있다. 어차피 휴가는 보내야 하는데, 휴가비는 넉넉한데, 혼자 보내기는 심심하기 때문이다. 그래서 휴가철이 오기 직전에 작업을 걸고 그 시즌에 맞춰서 사귀었다가 시즌이 끝나면 연락이 안 되는 남자들이 있는 것이다.

"그렇게 사귄다고 해서 다 나쁜 남자는 아니잖아요."

나의 조언에 이렇게 항변하는 여자들이 있는데 정신 차려라. 물론 당신 말대로 어떻게든 시즌 이후에도 사귈 수 있고, 결혼까지 이어질 수 있는 케이스도 있다. 하지만 그 과정에서 얼마나 마음고생을 심하게 해야 하는 줄 아는가? 그런 유형의 남자하고 사귀면서 진이 빠질 정도로 힘들고 결혼까지 이어지면서 미치는 지경에 이르는 것보다 차라리 혼자 사는 것이 백배 낫다는 걸 알아야 한다.

요즘 남자들의 결혼

요즘 남자들과 여자들, 정말 결혼하기 힘들다. 결혼이 필수였던 시절에는 '사랑 하나만 있으면 어떻게든 먹고 산다', '이가 없으면 잇몸으로 버틴다'와 같은 결연한 의지를 다졌지만 요즘에 이렇게 생각하는 사람들은 점점 희박해지고 있다. 예전에는 남자는 직업, 여자는 외모가 대세였지만 요즘은 그렇지도 않다. 오히려 여자는 남자에게 진정한 사랑을 갈구하고 남자가 여자의 직업을 따지는 것이 요즘의 새로운 트렌드이다. 남자들의 결혼을 네 가지로 나누어서 설명할 텐데, 처음 두 가지는 경제적 여건에 대한 분류이고 뒤에는 결혼에 관심이 없는 남자의 두 가지 형태를 분류한 것이다.

우선 첫 번째 부모가 강남권에 10억 원 정도 되는 아파트를 해줄 수 있는 재력을 소유한 남자의 경우이다. 이 정도 집안의 백그라운드가 있는 남자는 결혼에 대해 어떤 조건을 갖고 있을까? 이런 남자는 여자를 고를 때, 모든 것을 다 깐깐하게 따진다. 여자의 외모나 성격, 학력, 집안까지 꼼꼼하게 계산한다. 단 한 가지 고려 대상에서 제외되는 것이 있는데 그것은 바로 여자의 직업이다. 이 정도 재산이 있는 집안이라면 굳이 맞벌이를 하면서 아등바등 살 필요가 없기 때문이다. 정말로 남자가 미친 짓을 해서 집안을 말아먹지 않는 이상 돈 걱정을 할 필요가 있겠는가. 그러니 남자가 여자를 평가할 때, 기본적인 조건과 더불어 마음을 중요시한다.

정말 이 여자처럼 편안하고 나를 최고의 남자로 여겨주는 여자가 더 이상 없다는 판단이 들 때, 그녀를 정말로 사랑한다고 느낄 때 오히려 다른 조건을 다 제쳐둘 수 있는 것도 이런 유형의 남자가 할 수 있는 선택이다.

두 번째 분류를 따지자면 서울에서 3억~5억 원 정도 아파트 전세로 살아야 하는데 은행 대출까지 받아야 하는 남자의 경우이다. 그런데 이런 남자가 일반 회사원인 경우에는 노후가 불안하기 때문에 여자의 직업을 따진다. 즉, 평생 안정적인 수입이 보장돼 있는 정교사, 초등학교 선생님, 공무원, 의사나 변호사 같은 전문직 여자를 선호한다는 말이다. 왜? 당연히 경제적인 이유 때문이다. 대출금을 갚기 위해서, 또 나중에 내 집 마련을 위해서는 맞벌이가 필수이기 때문이다. 그렇다고 해도 가정을 꾸리고 아이도 갖고 싶기 때문에 출산 이후에도 잘리지 않는 안정적인 직업군의 여자를 선호하는 것이다.

이렇게 결혼한 케이스의 예를 들어보자.

남자는 키 180센티미터에 훈남에 대한민국에서 10대 기업에 속하는 회사의 정직원이었고 여자는 전문직에 종사하지만 얼굴도 성격도 답이 안 나오는 모태솔로였다. 처음에는 남자의 반응이 없었지만 여자가 지속적으로 남자에게 지극정성을 보이면서 이해와 헌신을 하니까 결국 남자의 마음이 열려서 결혼까지 이어졌다. 의사, 약사, 변호사 등의 전문직 여자들에게 연애 컨설팅을 하면서 내가 늘 하는 이야기가 있는데 상대 남자가 같은 전문 직종에 종사하는 경우가 아니라면 그 남자에게 많이 베풀라고 조언한다. 당신처럼 '결혼하고' 싶은 여자가 그 남자에게 베풀면 베풀수록, 잘해주면 잘해줄수록 남자의 생각이 달라질 수 있다고 말이다. 남자가 결혼할 생각이 있는 사람이라면 점점 그 여자에게 흔들릴 것이고 주변 사람들에게도 그 여자에 대해 조언을 구할 것이다. 그때 이미 결혼을 한 주변 친구나 직장 상사들은 이런 말을 해줄 수 있다.

"여자는 얼굴이 중요한 것이 아니야."

"어차피 같이 살면 김태희도 나중에는 오나미처럼 보이는 거야."

그런데다 결혼 비용에 대한 부담을 여자가 덜어준다면 결혼할 확률이 더욱더 높아지는 것이다.

자, 이제 세 번째 분류는 '능력은 충분한데 결혼 생각이 없는 남자'이다. 주변에서 정말 이런 남자를 본 적이 있지 않은가? 직업이면 직업, 외모면 외모, 학력이면 학력, 집안이면 집안, 성격이면 성격까지. 모든 조건을 다 봐도 두루두루 다 괜찮은데 결혼 생각이 없는 남자. 정말 모든 것을 다 갖추고 있고, 남부러울 게 없는 것 같은데 결혼 생각이 없는 남자. 이런 남자는 실제로 꽤 많다. 이런 남자들을 잘 살펴보면 자기 직업에 푹 빠져 살아서 결혼할 시간이 없었던 경우가 많은데, 대체로 형제가 많다. 그리고 다른 형제들이 다 결혼해서 아이 낳고 살고 있기 때문에 결혼에 대한 압박감을 덜 느꼈거나, 아니면 부모가 결혼을 재촉하지 않는 스타일인 것이다. 그런데 이런 유형의 남자들을 추적해서 결혼하는 과정을 살펴보면 결국 어떤 여자 스타일을 선택하는 줄 아는가? 결국에는 자기 집안이나 능력에 무난하게 어울릴 만한 여자를 택한다. 얼굴이나 외모가 연예인 수준의 여자를 택하는 것도 아니다. 그냥 쉽게 표현하자면 착하게 생겼다는 말이 어울리는 여자를 선택한다. 굳이 연예인으로 비유하자면 박신혜 같은 스타일 말이다. 이런 남자일수록 더욱더 '여자 같은 여자' 스타일을 찾는다는 말이다. 자신을 확실하게 내조해줘야 하며, 예의범절이 뛰어나고, 여자로서의 기품이나 우아함 등을 갖추고 있는 여자 말이다. 그러니 이런 유형의 남자를 마음에 두고 있다면 참조하기를 바란다.

 마지막으로 능력이 안 되어서 결혼할 생각이 없는 남자의 경우를 보자. 모아놓은 돈도 그다지 많지 않고 능력도 고만고만한데 외적인 조건이나 성격 등이 좋은 남자가 있다. 그에게 남아 있는 것은 자존심 하나밖에 없다. 그리고 대개 이런 남자들에게는 예전에 경제적인 조건 때문에 여자에게 차인 경험, 혹은 여자와는 서로 죽고 못 살 정도로 사랑했지만 여자 집안에서 결사반대해서 헤어진 경험 하나쯤은 갖고 있다. 만약 이런 남자와 동고동락하며 살고 싶다면 일반적으로 같이 개고생하면서 아등바등 살아갈 각오가 필요한데, 남자가 욕망이 있는 경우에는 이야기가 좀 달라진다.

남자가 어떻게든 고생을 면하고 성공하고 싶다는 욕망을 갖고 있다면 사랑보다는 여자의 조건을 따지기 때문이다. 만약 당신이라는 여자가 그가 이런 남자인 거 알면서도 결혼까지 생각하고 있다면 당신의 경제력을 어필하는 말을 은근슬쩍 던져라. 물론 당신에게 어느 정도의 재산과 능력이 있어야 할 수 있는 말이겠지만, 그에게 당신의 그런 말은 다른 어떤 말보다 유혹적으로 들릴 것이다.

덧붙여서 모든 조건과 상관없이 서른다섯 살 이상의 여자들에게 한 가지 팁을 주고 싶다. 내 나이가 2014년 기준으로 서른아홉 살인데, 나는 나이 많은 여자와 결혼을 하고 싶다. 나뿐만 아니라 30대 중후반대의 남자들 중 이렇게 생각하는 사람들이 꽤 많다. 아무래도 나이가 어린 여자들은 남자를 깊이 있게 이해하지 못하고 그만큼 배려심도 떨어지기 때문이다. 처음에는 어린 여자와 만나 좋을지 모르지만 만나면 만날수록 깊이 있는 대화를 나눌 수 있는 상대가 더 그리워진다. 그런데 나이 많은 여자와 결혼을 하려고 할 때 가장 마음에 걸리는 것은 무엇일까? 그것은 아무래도 2세 문제이다. 아이를 갖고 싶어 하는 남자라면 그 부분이 가장 마음에 걸리게 마련이다. 그렇다고 대놓고 물어볼 수는 없는 노릇이다.

"자기, 아이는 가질 수 있어?"

어떻게 이렇게 물어볼 수가 있겠는가. 그러니 만약 아이를 좋아하고 갖고 싶어 하는 심정을 내비치는 남자라면 그에게 당신의 건강증명서를 은근슬쩍 보여줘라. 산부인과에 가서 임신 가능성을 확인하는 서류를 떼달라고 하면 된다.

"나 얼마 전에 병원 갔다 왔어."

이런 말을 넌지시 던지면 당연히 남자 친구가 왜 갔느냐고 물어볼 것이고 자연스럽게 답변하면 되는 것이다.

"꼭 그렇게까지 해서 결혼을 해야 하나요?"

이렇게 되묻는 사람이 있다면 나는 정말 할 말이 없다. 그러나 정말 결혼할 생각이 있는 남자라면 누구나 자기 아이를 갖고 싶은 욕심을 갖고 있다. 솔직히 나도 그렇다. 결혼 자체가 그렇게 하고 싶은 것이 아님에도 '나도 딸바보 한번 해보고 싶다'는 생각이 하루에도 열두 번씩 드는 것이다. 그러니 이런 남자의 심리를 잘 이해해주시기를 바란다.

요즘 여자는 새끈하다

요즘 여자들의 연애

요즘 여자들과 연애하기 어렵다고들 남자들이 이야기하는데, 오히려 남자보다 더 쉬운 것이 여자들의 심리이다. 중요한 것은 그녀가 스무 살 이후로 어떤 연애를 했느냐 하는 것을 파악하는 것이다. 그것을 알지 못하면 어떤 여자든 유혹하기가 쉽지 않다. 예를 들어 어렸을 때부터 예쁘다는 말을 줄곧 들었거나, 또는 성형수술로 용 된 여자들의 경우를 보자. 그녀들은 훈남, 나쁜 남자, 바람둥이 남자, 돈 많은 남자 등등 소위 좀 괜찮다는 남자들에게 꾸준히 대시를 받았을 것이고, 그러면서 충분히 사랑받은 경험, 연애해본 경험을 갖고 있다. 이것이 무슨 말이겠는가? 바로 남자를 고를 수 있었다는 것이다. 나한테 잘해주는 남자에게 선택받는 게 아니라 자신이 남자를 선택할 수 있었다는 것이다. 이런 경험이 있는 여자들은 '느낌'을 중시한다. 남자가 아무리 잘해줘도 자기가 느낌이 없으면 택하지 않는다. 아무리 좋은 선물을 해주고, 맛있는 걸 사줘도 그냥 어장관리 대상일 뿐이거나, 나한테 잘해주는 오빠라고밖에 여기지 않는다는 소리다.

그런데 나름 괜찮게 생겼는데, 그렇다고 남자한테 막 인기 있는 스타일까지는 아닌 여자의 경우, 흔히 말해서 '고만고만하게 생긴' 여자의 경우를 보자. 이런 여자는 대개가 20대 때 자기한테 정말 잘해주는 남자와 연애를 한 경험이 있다. 남자의 충성을 받으면서 이런 게 사랑이구나 하고 느꼈던 여자들이다. '열 번 찍어서 안 넘어가는 나무 없다'는 말은 바로 이런 여자들을 보고 하는 소리이다. 왜 이렇게 상대를 구분하는 게 중요한 줄 아는가? 밑 빠진 독에 물 붓는 남자들을 많이 봤기 때문이다. 자, 쉽게 생각을 하자. 그녀를 봤을 때, 느낌이 오지 않는가?

'남자를 많이 만나본 것 같다. 인기가 많은 것 같다. 화려하게 하고 다닌다. 많이 놀아본 것 같다.'

만약 이런 느낌을 받았는데, 그녀가 당신이라는 남자를 별로 좋아하지 않는 것 같다면? 빨리 포기하고 노력하지 마라 이 말이다. 당신이라는 남자 자체의 매력을 키우지 않는 이상 그녀를 내 여자로 만들 수 없는 것이다.

그런데 만약 그녀가 보수적인 성향에다 낯을 가리고 많이 놀아보지도 않은 것 같고, 옷도 평범하고 수수하게 입고 다닌다면? 그런 그녀가 나에게 별 관심도 없고, 좋아하지 않는 것 같다면? 이 경우에는 열 번 찍어봐야 한다. 노력하면 내 여자가 될 수도 있다 이 말이다. 만약 그런 그녀가 나의 연락을 무시하지 않고 받아준다면 그것만으로도 가능성이 있는 것이다. 그런데 여기서 변수가 하나 있다. 바로 여자 나이 서른 살이다. 여자 나이가 서른 살이 넘어가면 이런 분류가 점점 상관이 없어진다. 남자 많이 만나보고 많이 놀았던 여자들도 사랑을 찾고, 남자를 많이 만나보지 않았고, 놀아보지도 못했던 여자들도 사랑을 찾는다.

실제로 바람둥이 남자나 나쁜 남자를 만난 경험이 있는 여자들이 나중에 정말 본인 스타일과는 거리가 있어도 자신에게 진심 어린 마음으로 대해주는 남자에게 마음의 문을 여는 경우가 많다. 자기가 좋아하는 멋진 남자를 사귀었다가 차이거나 배신당하거나 하는 등등 험한 꼴을 당하고 나서 땅을 치고 눈물 흘린 경험이 많다는 방증인 것이다.

서른 살이 넘는 여자들에게는 또 한 가지 공통점이 있는데 미모, 연애 경험 불문하고 최소한 자신과 비슷한 능력의 소유자를 찾는다는 것이다. 어렸을 때는 돈 많고 잘생기고 능력이 출중한 남자를 만나고 싶다는 희망 사항을 갖고 있지만 막상 결혼할 때는 자신과 크게 차이가 나지 않는 남자를 선택한다는 것이다. 이 현상은 여자의 나이가 많을수록 두드러지게 나타난다.

자, 이제 결론을 내자. 20대 여자들을 상대할 때에는 느낌과 노력이다. 느낌을 중시하는 여자들에게는 느낌으로 다가가야 되고 노력을 중시하는 여자들에게는 노력으로 다가가면 된다. 그리고 서른 살이 넘은 여자를 상대할 때에는 무엇보다 중요한 것이 진정성이다. 물론 그 나이가 되도록 정신 못 차리는 여자들도 많지만 나이가 들면 들수록 여자들은 의외로 사랑을 갈구하는 경향이 더 뚜렷하게 나타난다. 이런 여자들은 이렇게 말한다.

"나보다 돈을 못 벌어도 되고 모아놓은 돈이 없어도 돼. 단지 나를 정말 사랑해주고 나를 정말 아껴주고, 나만 바라봐주면 돼."

요즘 여자들의 결혼

결혼할 남자의 조건에 대한 설문 조사 결과를 본 적이 있는가? 자기들은 별것도 없으면서 남자가 집을 해가지고 와야 된다, 최소한 아파트 전세금 정도는 있어야 한다. 연봉이 5000만 원은 넘어야 한다는 내용들이 주를 이룬다. 이런 설문 조사 결과를 보면서 여자들에게 실망했다는 남자가 많다. 그런 남자들은 브로(Bro)의 '그런 남자'를 들으면서 속 시원하다고 생각했을 것이다. 그런데 이런 설문 조사 결과가 일반적인 여자들의 생각이라 할지라도 현실은 다르다고 생각한다. 왜? 대부분의 여자들이 사랑이라는 굴레에서 벗어나지 못하기 때문이다.

아무리 현실적인 문제를 생각해보라고, 그렇게 결혼해서 후회 안 한다고 해도, 네가 배 아파서 낳은 자식한테 그런 똑같은 환경을 물려주고 싶으냐고 말해도, 만약 남자가 자신을 진심으로 사랑해주면 그를 버리지 않는다.

물론 돈 많은 남자 물어서 어떻게든 인생 역전하려는 여자들, 결혼만 하고 나서 나중에 이혼해서 한몫 단단히 챙기려는 여자들, 나쁘게 표현하면 '머릿속에 똥만 찬' 여자들은 시대를 막론하고 많다. 그런데 만약 당신이라는 남자가 이런 여자를 걸러내는 눈이 없다면 당신 자신을 탓해야지, 어쩌겠는가? 만약 지금 만나는 여자 친구가 이런 유가 아닐까 하는 의심이 든다면, 집이 망했다고 말하고 두 달 정도만 지켜봐라. 금방 답이 나온다.

20대 중후반 여자와 결혼하고 싶다면 한 가지만 주의하라고 당부하고 싶다. 그것이 무엇인 줄 아는가? '그 여자가 나와 결혼할 생각이 있는가?'라는 문제이다. 실제로 많은 남자들이 여자랑 몇 년씩 사귀다가 결혼하자는 말을 꺼낸 이후 퇴짜를 맞는 경우가 많다. 이건 왜 그러는 것일까? 앞서도 말했다시피 여자들은 자신이 진짜 좋아해서 사귀기보다는 남자가 잘해주니까 그냥 사귀어주는 경우가 많기 때문이다. 그런데 막상 사귀는 과정에서 진정으로 사랑을 느끼지 못했기 때문에 평생 한 이불 덮고는 못 자겠다고 판단한 것이다.

30대 초반의 여자와 결혼하고 싶다면 '현실적인 대안'을 제시해야 한다. 이 나이쯤 되면 대부분의 여자들은 결혼을 생각하면서 만나기 때문에 남자의 연봉이나 능력적인 부분을 다 알고 만나지만 문제는 무엇이겠는가? 막상 남자가 결혼하자고 하면서 경제적인 부분을 솔직하게 다 이야기했을 때 만약 빚이 있거나, 모아놓은 돈이 별로 없을 때, 여자의 마음이 흔들릴 수밖에 없다는 것이다. 그 외에도 시집 문제, 종교 문제 등등 각종 현실적인 문제가 장애물로 등장하는 경향이 많은데, 왜 그런 줄 아는가? 주변에 결혼한 친구들이나 지인들이 무시무시한 경고들을 날리기 때문이다. 또 이 나이쯤 되면 실제로 주변에 이런 문제로 이혼을 하거나, 별거 중인 사람들도 생기기 때문에 결혼에 대한 부정적인 생각이 강해진다. 그러다 보니 현실적인 문제에 까다로워지는 것이다. 20대처럼 팔팔하게 젊은 것은 아니지만, 아직은 젊기 때문에 더 좋은 사람을 만날 수 있을 거라는 희망을 갖고 있기 때문이기도 하다.

마지막으로 30대 중반 이상의 여자와 결혼하고 싶을 때이다. 이 나이쯤 되면 결혼하려고 했던 남자에게 무참히 밟혀도 보고, 자신과 결혼하고 싶어 하는 남자에게 퇴짜도 놓아보고 한마디로 말해서 연애에 대해서 산전수전을 다 겪은 여자들이 많다. 그러다 보니 이 나이대에 속하는 여자들은 결혼에 대한 확신이 별로 없다. 30대 초반만 해도 결혼하고 싶어 안달하지만 30대 후반으로 갈수록 이런 확률은 현저히 떨어진다. 그리고 이 여자들은 크게 두 부류로 나눌 수 있다. 첫 번째는 남자가 못생기고 내 스타일이 아니어도 되니까, 능력이나 돈이 있어야 한다는 주의. 그리고 두 번째는 돈이나 능력이 없어도 되니까 오로지 내가 좋아하는 유형이고 나를 사랑해주는 남자면 족하다고 생각하는 주의. 후자에 해당하는 여자들은 어느 정도 자기 직업에 프로 의식을 갖고 있으며 결혼 이후에도 계속 일을 하고 싶어 한다. 이와 같은 여자들이 있기 때문에 연상연하 커플이 폭발적으로 늘고 있다. 대부분의 연상연하 커플을 보면 남자보다 여자가 연봉이 더 높으며 모아놓은 재산도 많다. 그리고 남자들을 잘 살펴보면 키가 크고 덩치가 있는 편이거나 훈남 스타일이 많다.

그러니 당신이라는 남자가 어떤 유형에 속하는지를 따져보면 어떤 여자와 결혼할 가능성이 높은지 답이 나온다. 예를 들어 당신이라는 남자가 마흔한 살인데 키도 작고, 스타일도 별로이다. 그런데 당신이 사귀고 있는 여자는 서른다섯 살에 날씬하고 스타일도 좋다. 그렇다면 그녀는 왜 당신이란 남자와 사귀고 있는 걸까? 다른 설명이 필요 없다. 당신이란 남자의 조건을 보고 만나고 있다는 말이다. 내가 4년 동안 수도 없이 많은 사람들을 만나서 연애 컨설팅을 해봤지만, 이런 기본적인 법칙에서 벗어나는 경우를 별로 보지 못했다. 그러니 남자들이여, 당신 자신의 현재 상황에 맞게 대처한다면 결혼과는 점점 가까워진다는 걸 알아두시길 바란다.

4악장
연애에 관한 FAQ

'미친 연애' 블로그를 운영한 지 벌써 4년이 넘었다. 그동안 수도 없이 많은 사람들을 만나 수많은 연애 이야기를 들었다. 모태솔로처럼 연애를 단 한 번도 못해본 남녀부터 인기가 너무 많아 고민인 연예인까지, 10대 후반 고등학생부터 시작해서 50대 초반 중년 남녀까지……. 연애에 대해서 고민하고, 연애 때문에 아파하는 사람들의 절실함이 느껴질 때는 주저 없이 만났다. 개중에는 대가 없는 만남도 꽤 많았다. 그중에는 믿었던 연인으로부터 2000만 원 사기를 당한 여자분이 있었는데, 그분의 사연을 듣고 너무나 안타까워 100만 원을 아무런 대가 없이 건네준 적도 있었다. 그동안 많은 분들이 나에게 던졌던 질문 중 가장 보편적인 것들을 추려서 정리해보았다.

남자들의 FAQ BEST 5

1 남자도 성형수술을 해야 되나요?

외모 지상주의자다, 외모 차별주의자다, 온갖 나를 비난하는 말들이 귀에 들리는 듯하지만, 연애에서 외모는 8할을 차지할 정도로 비중이 막중하다. 특히 연애 초기에는 외모가 큰 걸림돌로 작동한다는 걸 인정할 수밖에 없다. 그래서 나는 욕먹을 각오를 하고 말하는데 남자의 성형수술도 찬성하는 편이다. 여자들이 남자 얼굴 안 본다는 이야기는 희대의 거짓말이기 때문이다. 여자들이 그런 거짓말을 하는 이유는 자신이 남자 얼굴까지 본다고 이야기했을 때 쏟아지는 비난이 두렵기 때문이다. 또한 남자의 경우 외모보다는 능력을 중시하는 경향 때문에 덜 주목받을 뿐이다. 만약 훈훈한 외모인 남자가 착하기까지 하다면? 금상첨화이다. 이런 남자를 마다하는 여자가 있을까? 솔직히 얼굴이 준수하면 뭘 입어도 어울린다. 그 대표적인 경우가 개그맨 허경환이다.

그렇다고 여자들이 받는 수준의 성형수술을 받으라는 말이 아니다. 인상을 결정짓는 코와 이마 정도는 수술을 받아도 괜찮다고 생각한다. 특히 남자는 여자보다 광대뼈나 턱이 발달되어 있는데 코가 오똑하지 않거나 매부리코라면 인상이 안 좋아 보인다. 이런 남자들은 수술을 받아도 좋다고 생각한다. 그리고 마흔 살이 안 되었는데도 이마에 주름이 있는 남자들이 있다. 이것은 습관적으로 미간을 찌푸리는 행동을 했기 때문에 생겼거나, 선천적으로 그런 주름을 타고난 경우가 있을 텐데, 첫인상에 안 좋은 영향을 미친다. 남자는 이마가 넓고 평평할수록 좋은 인상을 주므로 이런 분들도 돈과 시간이 있다면 수술해도 괜찮다고 말해주고 싶다.

2 어떻게 해야 여자들한테 인기 있는 남자가 되나요?

이렇게 묻는 남자들의 문제점은 연애 경험이 없다는 것이다. 언제나 가상 연애만 했다는 것부터가 문제다. 연애 경험이라고 해봐야 혼자 누군가를 짝사랑하거나 누군가한테 어장관리를 당하거나 심한 경우에는 돈만 빨리고 퇴짜 맞은 기억밖에 남아 있지 않다. 그래서 어쩔 수 없이 별로 마음에 들지 않는 여자들하고만 사귀어봤던 남자, 혹은 좋아하는 여자와 사귀었어도 연애 기간이 100일 미만이었던 남자들이 이런 질문을 곧잘 한다. 그런데 이런 남자들을 만나보면 공통점이 있다. 여태 컨설팅을 의뢰한 남자들 중 이런 부류가 꽤 많았는데, 함께 저녁 식사를 하면서 술 한잔을 해보면 예외 없이 '말이 없다'는 특징이 있다. 그 저녁 자리에 여자들이 끼어 있어도 마찬가지이다. 대화할 줄을 모른다. 그냥 밥만 먹고, 술만 마시고 집으로 돌아가는 것이다. 먼저 말을 할 줄도 모르고, 어떤 질문을 던져야 할 줄을 모른다. 그렇다고 여자들이 호감 갈 만한 외모나 스타일을 겸비하고 있지도 않다. 나는 그런 남자들에게 이런 해결책을 주고 싶다. 마음에 드는 여자든, 마음에 들지 않는 여자든, 당신이라는 남자의 주변에 아는 여자가 한 명이라도 있다면 그녀와 매일 커피 한잔을 하면서 대화하거나, 혹은 하루 30분 정도 전화 통화를 매일 해보라고 말하고 싶다. 왜 이런 조언을 하는 걸까? 남자들은 이상하게 자기가 마음에 드는 여자하고만 말을 하려고 하고, 자기가 좋아하는 여자한테만 돈을 쓰려고 한다. 그런데 내가 보기에는 발렌타인 30년산을 마시든, 소주를 마시든 많이 먹으면 취하는 것은 똑같다. 다시 말해 당신이 좋아하는 여자든, 좋아하지 않는 여자든, 얼굴이 예쁜 여자든, 못생긴 여자든, 여자의 심리는 비슷비슷하다는 것이다. 어떤 말을 하면 여자들이 좋아하는지, 어떤 말을 하면 여자들이 싫어하는지 알아야 할 것이 아닌가? 그렇다면 경험을 쌓아야 하지 않겠느냐 이 말이다. 부익부, 빈익빈은 연애의 세계에서도 통하는 법칙이다. 여자와 접촉한 경험이 없을수록 남자는 더욱 자신감을 잃게 되고, 좋아하는 여자 앞에서 더욱 더 소심해질 위험이 있기 때문이다.

3 지금 공부를 해야 되는 시기인데, 연애 때문에 미치겠어요!

나는 바람둥이였다. 여자 무지 좋아했다. 좀 품위 없게 이야기하자면 환장하게 좋아했다. 그런데 스무 살 때부터 서른다섯 살 때까지 수도 없이 여자를 만났지만, 딱 1년 동안은 공백 기간이 있었다. 바로 스물여섯 살 때였다. 앞에서도 이야기했지만 그때는 오로지 돈을 벌어야겠다는 목표가 있었기 때문에 여자뿐 아니라 모든 통신 수단까지 다 끊을 정도였다. 심지어는 컴퓨터와 TV도 팔았다. 어떤 유혹도 받고 싶지 않았기 때문이다.

상담 메일을 통해 '지금 공부해야 할 시기인데 정말 아무것도 손에 잡히지 않는다. 공부도 안 되고 정말 미치겠다'고 말하는 남자들이 정말 많았다. 그런 메일을 받을 때마다 나는 스물여섯 살 때의 내 모습이 떠올랐다. 이것은 사실 마인드의 문제이지 그 어떠한 스킬도 아무 소용이 없다. 이런 고민을 터놓는 남자들에게 나는 이런 말을 해주고 싶다.

"인연이 있다면 언젠가는 다시 만날 수 있게 마련이에요."

사실 이것은 누구나 다 공감하는 말이다. 하지만 고민에 휩싸여 있는 당신이라는 남자만 지금 이것을 모르고 있을 뿐이다.

어떤 여자에게 이런 말을 들은 적이 있다. 그녀를 좋아하던 남자가 있었는데 몇 번 사귀자는 말을 들었지만 친구로 지내자고만 대꾸했다. 그런데 어느 사이엔가 연락을 하지 않더니만 1년쯤 지난 어느 날, 불쑥 회사로 찾아왔다는 것이다. 슈트를 쫙 빼입고 나타난 그는 이렇게 말했다고 한다.

"고맙다는 말을 하려고 왔어. 네 덕분에 나 이번 행시에 합격했거든. 그래서 맛있는 밥 한 끼 사려고……."

그날 이후 어찌어찌해서 지금은 둘이 사귀고 있다고 했다.

그러니 남자들이여, 만약 그 여자와 잘해보고 싶다면 당신이라는 남자의 자격부터 갖추어라. 그녀뿐 아니라 그녀 주변의 사람들까지 당신을 보는 눈빛이 달라질 것이다.

4 좋은 남자가 되기 위해서는 어떻게 해야 되나요?

일단 나는 당신이라는 남자에게 몇 가지 좋은 습관을 들이라고 조언하고 싶다.

1. 카카오톡 게임이나, 컴퓨터 게임, 닌텐도 등등의 게임을 하

지 않는다.

2. 하루에 한 시간 이상 인터넷 웹 서핑을 하면서 가십성 기사를 보지 않는다. 그냥 대문 기사만 봐라. 누구누구가 사귄다더라, 누구누구가 결혼한다더라, 누구의 미모가 끝내준다더라 하는 기사를 클릭하지 마라. 시간 낭비이고 인생 낭비이다.

3. 유흥업소에 가거나 불법 성매매 업소에 가지 않는다. 인터넷으로 야동을 보거나, 성인 bj방송을 보는 것도 마찬가지이다.

4. 집에서 보든 극장에서 보든 일주일에 두세 편 정도 평점이 좋거나 수준이 있는 멜로 영화를 봐라.

5. 월 소득의 30% 정도를 자기 계발에 투자해라. 왜 이런 이야기를 하는 줄 아는가? 연애를 못하거나 '찌질한' 남자의 경우에는 자기 계발에 쓰는 비용보다 게임비나 유흥비에 쓰는 비용이 더 많다. 바(bar)에서 일하는 여자한테 빠져서 매일 그곳에 출근 도장 찍는 데 월급을 다 쓰는 남자도 본 적이 있고, 키스방이나 '풀살롱' 같은 곳에 비슷한 부류들이 품앗이 해서 다니는 것을 본 적도 있다. 자꾸 이런 데 다니는데 정상적인 연애가 가능하겠는가? 눈앞에 게임이 아른거리고 어떻게 하면 게임에서 이겨 돈을 딸 수 있을까만 생각나는데, 무슨 연애를 할 수 있겠는가? 또, 룸살롱이 어떤 데인가? 돈을 내고 술을 먹으니까 내 마음대로 이야기하고, 내 마음대

로 행동해도 앞에 앉아 있는 여자가 다 들어주고 다 받아주는 것이다. 자꾸 이런 데에서 일하는 여자들하고만 대화하면, 진짜 여자 마음을 공부할 수 있겠는가? 게임이나 유흥비에 쓸 돈을 차라리 차곡차곡 모으기라도 하면 미래라도 있다. 만약 지금도 이런 것에 빠져 있는 남자가 있다면 부끄러운 줄 알아야 한다. 자기 자신이 찌질한 남자라는 것을 알고 있기나 한지 모르겠다.

5 어떤 여자랑 연애하는 것이 행복한 걸까요?

딱 한 마디를 해주고 싶다.
'당신한테 잘해주었던 여자, 당신을 위해서 살았던 여자, 당신의 성격을 받아주는 여자.'

만약 당신이 먼저 찼던 여자라 하더라도 나중에 자꾸 생각나는 여자를 만나야 한다. 이런 여자를 만나야지, 예쁜 여자가 정답이 아니다.

여자들의 FAQ BEST 5

1 정말 성형수술 말고 답이 없나요?

보통 이렇게 대놓고 묻는 여자들은 두 가지의 경우로 나누어 설명할 수 있다. 첫 번째는 스스로 외모 콤플렉스가 있는 경우. 두 번째는 성형외과에서 상담을 받았는데 의사가 강력 추천하거나 상담 실장으로부터 "우리 병원에서 하지 않더라도, 다른 병원에서는 꼭 하세요"라는 말을 들었을 경우. 이런 경우와 비슷하게 친구나 지인으로부터 외모에 대한 돌직구성 멘트를 들었을 경우이다. 그런데 겁이 나서 못 하고 있거나, 부모님이 '수술은 결사반대'라 외치고 있는 경우가 많다.

"제 친구 중에 저보다 못생긴 친구도 남자 친구 있어요."

이렇게 묻는 여자가 흔히 들고 나오는 궤변 중 하나이다. 그런데 객관적인 입장에서 판단해보면 그 친구가 그렇게 말하는 여자보다 더 괜찮은 경우가 많다. 그만큼 자기 객관화가 잘 되어 있지 않다.

얼굴이 못생겼어도 끊임없이 웃는 얼굴에 밝고 활달한 여자들이 있는데, 이런 경우에는 남자를 웃겨주거나, 재미있게 해주는 능력이라도 갖고 있다. 어떤 여자들은 연애 컨설팅을 의뢰하면서 자신의 성격을 이렇게 개조시켜 달라고 요구하기도 하는데, 이것은 불가능하다. 왜? 최소한 20년이 넘는 시간 동안 굳어진 성격을 짧은 기간 안에 어찌할 수 있다는 말인가! 표정과 말투, 유머 감각 등등은 오랜 세월 동안 쌓여 있는 것이 자연스럽게 드러나는 것이다. 그냥 막 웃는다고 해서 호감이 가는 것이 아니다. 앞서 말했듯이 못생겨도 표정이 밝고 매력이 있는 여자들은 굳이 수술 안 해도 괜찮다. 그런데 못생긴데다 성격이 내성적이고 어두운 편이라면? 외모라도 괜찮아야 한다는 것이다. 즉 성형수술 말고는 답이 안 나온다는 말이다. 연애 마인드와 연애 기술은 그다음 문제이다.

2 헤어진 남자 친구의 마음을 되돌릴 방법이 없나요?

보통 여자들 상대로 연애 컨설팅을 하게 되면 첫 번째 질문이 자기 상태에 관한 것이고 두 번째 질문이 현재 사귀고 있거나, 아니면 과거에 사귄 남자 친구에 대한 것이다. 그런데 나는 안 된다고 이야기하는 편이다. 왜? 그것이 속 편하기 때문이다. 잡는 방법을 몰라서 가르쳐주지 않는 것도 아니고, 희망이 보이지 않아서 말을 안 해주는 것도 아니다. 하지만 확률적으로 따져봤을 때 다시 돌아올 가능성은 그다지 높지 않다.

재회 가능성이 70%라고 홍보하는 재회 전문 사이트도 본 적이 있지만 이것은 그 업체의 고객 사용 후기를 근거로 만든 홍보 문구일 뿐이다. 재회에 성공했는지, 실패했는지 아무런 답변 없이 침묵하는 다수의 견해가 빠져 있다는 것을 알아야 한다. 물론 나도 블로그에 수도 없이 그 방법을 쓴 적이 있고, 헤어진 유형에 따라 방법을 달리하라는 조언을 남긴 적도 있다. 하지만 그것도 사실 100% 확실한 방법이라 볼 수가 없다. 생각을 한번 해보자. 당신이라는 여자가 백방으로 노력해서 남자가 돌아오는 것과 그 남자가 스스로 깨달음을 얻어서 돌아오는 것. 둘 중 다시 헤어질 확률이 낮은 것은 어느 쪽이겠는가? 당연히 후자다. 그리고 무엇보다 여자는 남자에게 사랑을 받아야 하는 존재인데, 미친 듯이 잡는 여자가 측은하여 남자가 돌아온다고 한들, 그녀가 진정한 사랑을 받을 수 있을까? 그래서 나는 이렇게 말하고 싶다. 만약 당신이라는 여자가 그 남자한테 후회 없이 잘해줬다고 생각한다면 기다려라. 기다려도 오지 않는다면 어쩔 수 없는 것이지, 또 다른 액션을 취하는 것은 거추장스러울 뿐이다.

3 남자를 못 믿겠어요!

지금까지 우울증, 조울증 그리고 공황장애, 신데렐라 증후군, 리플리 증후군, 또 그 외에도 각종 신내림을 받은 여자들, 신내림 때문에 고통받고 있는 여자들 등등 세상에 온갖 정신 질환을 앓고 있는 여자들과 상담을 해보았다. 간혹 내가 정신과 의사인가 하는 착각에 빠질 정도로 산 것 같다.

특히 우울증이나 조울증에 빠진 여자들 중에는 '남자에 대한 불신'이 깊은 경우가 많은데, 부모의 영향, 어린 시절의 트라우마 때문이기도 하겠지만 여기서는 좀 다른 이야기를 하고 싶다. 이것은 시각의 차이, 자기 자신의 눈으로만 남자를 바라보기 때문이기도 하다. 여자의 기준으로 남자를 이해하려고 하면 죽을 때까지 이해를 못 한다. 이건 남자의 경우도 마찬가지이다.

"나는 하루 종일 그 남자만 생각하고, 오로지 그 남자에게만 마음을 주고, 그 남자를 위해서만 살고, 그 남자를 위해 모든 것을 다 쏟아부었는데……."

이렇게 말하는 여자들 중에 그런 환자들이 있다. 나는 그런 그녀들에게 되묻고 싶다. 도대체 당신이 그 남자한테 무엇을 다 쏟아부었다는 말인가? 당신이라는 여자의 직업도, 지인도, 집도 다 그대로인데, 왜 그렇게 극단적인 표현을 쓰고 있느냐 이 말이다.

이런 말을 하는 여자들의 특징이 있다. 그것은 바로 마음속 깊숙한 곳에 '그 사람으로부터 버려질까 봐 두려워하는 마음'을 갖고 있다는 것이다. 그 두려움을 없애기 위해 그녀는 남자에게 사랑을 받으려고 하는 것이다. 아마도 심리학자들은 이런 여자들에게 "당신의 자존감을 높여야 합니다. 당신은 충분히 소중한 존재입니다"라는 식의 조언을 할 텐데, 나는 내 식으로 표현하겠다. 그 남자가 '당신 거'라는 개념 좀 버려라. 왜 입만 열면 남녀 차별에 대한 분노를 터뜨리면서 그 남자에게 똑같은 희생을 강요하려고 하는가? 남자가 어떤 여자를 사랑한다고 해서 여자가 남자의 소유물이 될 수 없듯이, 남자도 여자에게 소유물이 될 수 없는 것은 마찬가지이다. 서로를 소유하려고 하는 것은 성숙하지 못한 짓일뿐더러 미친 짓이다. 사랑은 인위적인 것이 아니지 않은가. 물 흐르듯 자연스럽게 연락이 되었을 때, 사랑을 나누면 되는 것이고, 그러다가 인연이 깊어지면 결혼해서 살면 되는 것이다. 이렇듯 자연스러워야 할 사람 간의 인연을 억지로 만들려고 하는 당신의 생각 자체가 무리수라는 것을 알아야 한다.

4 어떻게 하면 여우가 될 수 있나요?

다들 여우가 되고 싶어 한다. 여우처럼 남자를 유혹하고 싶어 하고, 그 남자가 자기만 사랑해주기를 바라는 게 모든 여자의 소망이다. 그런데 그렇게 하는 것이 여우 같은 것일까? 물론 유혹을 잘하는 것은 여우 같은 것이다. 하지만 자기 남자가 오로지 자기만 바라봐주기를, 자기만 사랑해주기를 바라는 것은 여우 같은 것이 아니다. 왜? 남녀가 권태기 없이 서로를 끊임없이 사랑하기란 불가능하기 때문이다. 권태기 동안 잘 기다리는 것이 여우 같은 것이지 권태기가 없기를 바라는 건 여우답지 못한 행동이다. 무슨 말인 줄 알겠는가?

일단 여우라면 그 남자를 내 사람으로 만들기 위해 적극적인 말과 행동을 해야 한다. 여기서 가장 중요한 것이 무엇이겠는가? 그 남자하고 즐길 줄 알아야 한다는 것이다. 그렇다고 그 남자를 한두 번밖에 안 만났는데 엔조이를 하라는 것이 아니다. 적극적으로 그 남자에게 잘 보이기 위해 노력하면서도 관계를 즐기라는 말이다. 당신 주변 친구 중에 그런 여자가 있지 않은가? 남자를 만나면 옆에 딱 달라붙어서 남자의 팔뚝을 툭툭 치면서 이야기를 하거나, 까르르 웃으면서 남자의 어깨 쪽으로 살짝 기대거나, 몸을 기울이거나 하는 여자 말이다.

"그렇게 행동하면 남자들이 쉽게 보지 않을까요?"

이런 질문들을 하는데, 물론 술자리에서 잔뜩 취한 채로 이렇게 행동하면 '쉬운 여자'가 된다. 그런데다 옷까지 야하게 입는다면 더욱더 '쉬운 여자'가 된다. 하지만 그런 것이 아니라면 단지 활발하고 성격이 좋은 여자로 인식될 것이니, 너무 걱정하지 마라. 모르는 남자 팔뚝을 주무르거나, 껴안거나 그런 것이 아니지 않은가?

여우 같은 여자의 개념은 어찌 보면 단순하다. 남자에게 먼저 적극적으로 행동하는 것. 이것이 여우의 수칙이다. 단, 은근하고 매력적으로 접근해야 한다는 것이다. 그렇게 해서 남자가 자신을 좋아하게 만든 이후에는 진지하게 접근하면서 자기 인연으로 가져가면 되는 것이다. 여우 같은 여자들은 남자가 먼저 자신에게 빠져야 연애가 된다는 것을 잘 알고 있다. 그렇지 않은가? 남자가 먼저 당신이라는 여자한테 연락도 안 하고 만나자는 말도 안 하는데, 어떻게 연애가 되고, 관계가 발전할 수 있겠는가? 먼저 마음을 훔칠 줄 아는 것. 그것이 여우 같은 여자의 능력이다.

5 어떤 남자랑 결혼하는 것이 행복한 걸까요?

딱 한 마디만 해주고 싶다. 만약 당신이 결혼한 남자가 어느 날 갑자기, 돈 한 푼도 없이 빈털터리가 되었다. 그런데도 당신이 그 남자와 이혼하지 않을 것 같다면, 바로 그 남자가 당신의 미래다. 그러면 행복까지는 모르겠으나 적어도 불행하지는 않을 것이다.

최정

슈렉 같은 외모로 16년 동안 여자 900명을 사귄 카사노바. 다음 연애 블로그 5년째 부동의 1위, 누적 방문자 수 3500만 명을 기록하고 있는 '미친 연애'의 최정. 가식과 위선이 없는 글로 연애 에세이 분야에 센세이션을 불러일으킨 그가 또다시 신선한 내용으로 우리에게 돌아왔다. 하루가 다르게 변하고 있는 신개념 연애 트렌드에 대한 날카로운 분석, 이메일 상담뿐 아니라 실제 일대일 상담을 통한 사례 분석으로 나이별·직업별·스타일별 맞춤형 연애 솔루션을 제공하는 『당신의 연애는 위험하다』를 들고 나타난 것이다.

블로그를 운영하면서 상담했던 실제 다양한 연애 사건들과 함께 최정 특유의 시원스런 해법이 곁들여 있는 이 책에는 그가 독자와 함께 호흡하며 살아온 5년의 세월이 녹아 있다. 또한 연애가 그렇듯이, 연애 에세이 작가도 '영원한 인기를 누릴 수는 없으며, 변하지 않으면 살아남을 수 없다'고 생각했기에 더욱더 알찬 내용으로 채우기 위해 고군분투한 흔적이 담겨 있다. 100% 블로그에 공개하지 않은 글로 채워진 이 책은 연애와 결혼 때문에 고민 중인 많은 남녀 독자들에게 새로운 시각과 다양한 정보를 제공해줄 것이다.

저서로는 블로그 글을 모아서 묶은 『미친 연애』, 『미친 연애 2』, 『당신이 아직 혼자인 진짜 이유』를 비롯해서 『남자의 속마음, 여자의 속마음』(중국 수출), 『30일 안에 내 사람 만들기』(홍콩, 대만 수출) 등이 있다. (편집자 주)

'미친 연애' 다음 블로그 http://blog.daum.net/njmusician
'미친 연애' 네이버 블로그 http://blog.naver.com/njmusician

1판 1쇄 발행 | 2014년 10월 20일
1판 3쇄 발행 | 2014년 10월 25일

지은이 | 최정
발행인 | 김태웅
총　괄 | 권혁주
기획편집 | 박지호
디자인 | 동양북스 디자인팀
마케팅 | 서재욱, 김홍태, 정유진,
　　　　 김귀찬, 왕성석
온라인 마케팅 | 김철영
제　작 | 현대순
총　무 | 한경숙, 안서현, 강정희
관　리 | 김훈희, 이국희. 김승훈, 최국호

발행처 | 동양북스
등　록 | 제10-806호(1993년 4월 3일)
주　소 | 서울시 마포구 동교로 22길 12 (121-842)
전　화 | (02)337-1737
팩　스 | (02)334-6624

http://www.dongyangbooks.com

ISBN 979-11-5703-028-6　13190

ⓒ 최정, 2014

＊이 책은 저작권법에 의해 보호받는 저작물이므로 무단 전재와 무단 복제를 금합니다.
＊잘못된 책은 구입처에서 교환해드립니다.

이 도서의 국립중앙도서관 출판시도서목록(CIP)은 서지정보유통지원시스템 홈페이지(http://seoji.go.kr)와
국가자료공동목록시스템(http://www.nl.go.kr/kolisnet)에서 이용하실 수 있습니다.
(CIP제어번호:CIP2014027763)